俄罗斯之魂 CHAIKEFUSIJI
柴可夫斯基

边艳艳 ◎ 编著

辽海出版社

图书在版编目(CIP)数据

俄罗斯之魂柴可夫斯基／边艳艳编著. —沈阳：辽海出版社，2017.6
ISBN 978-7-5451-4159-7

Ⅰ.①俄… Ⅱ.①边… Ⅲ.①柴可夫斯基(Tchaikovssk，Peter Ilich 1840 -1893)-传记 Ⅳ.①K835.125.76

中国版本图书馆 CIP 数据核字(2017)第 136814 号

责任编辑：孙德军
封面设计：李　奎

出版者：辽海出版社
地　　址：沈阳市和平区十一纬路 25 号
邮　　编：110003
电　　话：024-23284381
E-mail：dszbs@mail.lnpgc.com.cn
http://www.lhph.com.cn
印刷者：北京一鑫印务有限责任公司
发行者：辽海出版社

幅面尺寸：155mm×220mm
印　张：14
字　数：218 千字

出版时间：2017 年 7 月第 1 版
印刷时间：2017 年 8 月第 1 次印刷
定　价：29.80 元

《世界名人传记文库》编委会

主　编　　游　峰　　姜忠喆　　蔡　励　　竭宝峰　　陈　宁　　崔庆鹤
副主编　　闫佰新　　季立政　　单成繁　　焦明宇　　李　鸿　　杜婧舟
编　委　　蒋益华　　刘利波　　宋庆松　　许礼厚　　匡章武　　高　原
　　　　　　袁伟东　　夏宇波　　朱　健　　曹小平　　黄思尧　　李成伟
　　　　　　魏　杰　　冯　林　　王胜利　　兰　天　　王自和　　王　珑
　　　　　　谭　松　　马云展　　韩天骄　　王志强　　王子霖　　毕建坤
　　　　　　韩　刚　　刘　舫　　宫晓东　　陈　枫　　华玉柱　　崔　武
　　　　　　王世清　　赵国彬　　陈　浩　　芝　羿　　姜钰茜　　全崇聚
　　　　　　李　侠　　宋长津　　汪　裴　　张家瑞　　李　娟　　拉巴平措
　　　　　　宋连鸿　　王国成　　刘洪涛　　安维军　　孙成芳　　王　震
　　　　　　唐　飞　　李　雪　　周丹蕾　　郭　明　　王毓刚　　卢　瑶
　　　　　　宋　垣　　杨　坤　　赖晖林　　刘小慈　　张家瑞　　韩　兆
　　　　　　陈晓辉　　鲍　慧　　魏　强　　付　丽　　尹　丛　　徐　聪
　　　　　　主勇刚　　傅思国　　韩军征　　张　铧　　张兴亚　　周新全
　　　　　　吴建荣　　张　勇　　李沁奇　　姜秀云　　姜德山　　姜云超
　　　　　　姜　忠　　姜商波　　姜维才　　姜耀东　　朱明刚　　刘绪利

冯　鹤	冯致远	胡元斌	王金锋	李丹丹	李姗姗
李　奎	李　勇	方士华	方士娟	刘干才	魏光朴
曾　朝	叶浦芳	马　蓓	杨玲玲	吴静娜	边艳艳
德海燕	高凤东	马　良	文　夫	华　斌	梅昌娅
朱志钢	刘文英	肖云太	谢登华	文海模	文杰林
王　龙	王明哲	王海林	台运真	李正平	江　鹏
郭艳红	高立来	冯化志	冯化太	危金发	仇　双
周建强	陈丽华	叶乃章	何水明	廖新亮	孙常福
李丽红	尹丽华	刘　军	熊　伟	张胜利	周宝良
高延峰	杨新誉	张　林	魏　威	王　嘉	陈　明

总编辑　马康强　张广玲　刘　斌　周兴艳　段欣宇　张兰爽

总　序

　　我们每个人心中都有自己崇拜的名人。这样可以增强我们的自信心和自我认同感，有益于人格的健康发展。名人活在我们的心里，尽管他们生活在不同的时代、不同的国度、说着不同的语言，却伴随着我们的精神世界，遥远而又亲近。

　　名人是充满力量的榜样，特别是当我们平庸或颓废时，他们的言行就像一触即发的火药，每一次炸响都会让我们卑微的灵魂在粉碎中重生。

　　名人带给我们更多的是狂喜。当我们迷惘或无助时，他们的高贵品格就如同飘动在高处的旗帜，每次招展都会令我们幡然醒悟，从而畅快淋漓地感受生命的真谛。只要我们把他们视为精神引领者和行为楷模，就会不由自主地追随他们，并深刻感受到精神的强烈震撼。

　　当我们用最诚挚的心灵和热情追随名人的足迹，就是选择了一个自我提升的最佳途径，并将提升的空间拓展开来。追随意味着发现，发现名人的博大精深，发现时代赋予我们的使命，发现最真实的自我；追随意味着提升，置身于名人精神的荫蔽之下，我们就像藤蔓一般沿着名人硕大粗壮的树干攀援上升，这将极大地缩短我们在黑暗中探索的时间，从而踏上光明的坦途。

不要说这是个崇尚独立思考的年代，如果我们缺乏敬畏精神，那么只能让个性与自由的理念艰难地生长；不要说这是个无法造就伟人的年代，生命价值并不在于平凡或伟大。如果在名人的引领下，读懂平凡世界中属于自己的那本书，就能够成为最好的自己。

名人从芸芸众生中脱颖而出，自有许多特别之处。我们追溯名人成长的历程，虽然每位人物的成长背景都各不相同，但或多或少都具有影响他们人生的重要事件，成为他们人生发展的重要契机，并获得人生的成功。

名人有成功的契机，但他们并非完全靠幸运和机会。机遇只给有准备的人，这是永远的真理。因此，我们不要抱怨没有幸运和机遇，不要怨天尤人，我们要做好思想准备，开始人生的真正行动。这样，才会获得人生的灵感和成功的契机。

我们说的名人当然是指对世界和人类做出突出贡献的伟大人物，他们包括著名的政治家、军事家、发明家、文学家、艺术家、思想家、哲学家、企业家等。滚滚历史长河，阵阵涛声如号，是他们，屹立潮头，掀起时代前进的浪花，浓墨重彩地描绘着人类的文明和无限的未来，不断开创着辉煌的新境界和新梦想，带领我们走向美好的明天。

政治家是指那些在长期政治实践中涌现出来的具有一定政治远见和政治才干、掌握权力，并对社会发展起着重大影响作用的领导人物。军事家是指对军事活动实施正确指引或是擅长具体负责军事行动实施的人，一般包括战略军事家和战术军事家。

政治家、军事家大多充满了文韬武略，能够运筹帷幄，曾经叱咤风云，纵横天地，创造着世界，书写着历史，不断谱写着人类的辉煌篇章，为人们留下了许多宝贵的精神财富和物质财富。

科学发明家是指专门从事科学研究和发明，并做出了杰出贡献的人士。他们从事着探索未知、发现真相、追求真理、改造世界和造福人类的大学问。他们都有献身、求实、严谨和持之以恒的精神，都具有一颗好奇心。从好奇心出发，他们希望探知事物规律，具有希望看到事物本质一面的强烈意识与探索激情。还有就是他们都有恒心，他们在科学研究中不断努力，努力，再努力，锲而不舍，具有永不止步的追求精神。

文学家是指以创作文学作品为自己主要工作的知名人士和学者等。其中，诗人是指诗歌的创作者，小说家指小说创作者，散文家指散文创作者，而文学家则是指在诗歌、小说、散文、戏剧等各种文学体裁领域均取得一定成就的创作者，他们是人类精神财富的创造者。

艺术家是指具有较高审美能力和娴熟创作技巧并从事艺术创作劳动而具有一定成就的艺术工作者。进行艺术作品创作活动的人士，通常指在绘画、表演、雕塑、音乐、书法及舞蹈等艺术领域具有比较高的成就，并具有了一定美学造诣的人。他们是生活中美的发现者和创造者，极大地丰富着我们的生活。

哲学家、思想家是指对客观现实的认识具有独创见解并能自成体系的人士。思想主要是用言语和符号来表达的，而致力于研究思想并且形成思想体系的人就是哲学家、思想家。他们用独到的思想解决生活中遇到的问题，且在此过程中逐渐认识自我与宇宙，以此解决人们思想认识上矛盾迷惑的问题。他们是我们人类灵魂的工程师，塑造着我们的人格，探讨所有人类重要的问题和观念，并创造出一种思考和思想的能力，闪烁着智慧的光芒，照耀着人类前进的步伐，推动着人类思想和精神不断升华，使人类不断摆脱低级状态，不断走向更高境界。人是有思想和精神的高级动物，因此，哲学家和思想家是人类不可或缺的，是我们人类的伟大导师。

企业管理家是最直接创造财富的人。他们创造物质财富，推动社会不断进步，使得人们更加幸福。财富虽然只是一个象征，但它与人们的生活、国家的发展、民族的强盛等息息相关。企业家也创造巨大的精神财富，他们在追求财富过程中所表现出来的创新、冒险、合作、敬业、学习、执著、诚信和服务等精神，是我们每一个人学习的榜样。

我们追踪这些名人成长发展过程中的主要事件，就会发现他们在做好准备进行人生不懈追求的进程中，能够从日常司空见惯的普通小事上，碰撞出思想的火花，化渺小为伟大，化平凡为神奇，从而获得灵感和启发，获得伟大的精神力量，并进行持久的人生追求，去争取获得巨大的成功。

影响名人成长的事件虽然不一样，但他们在一生之中所表现出来的辛勤奋斗和顽强拼搏的精神，则大同小异。正如爱迪生所说："伟大人物最明显的标志，就是他们拥有坚强的意志，不管环境怎样变化，他们的初衷与希望永远不会有丝毫的改变，他们永远会克服一切障碍，达到他们期望的目的。"

爱默生说："所有伟大人物都是从艰苦中脱颖而出的。"因此，伟大人物的成长也具有其平凡性。正如日本著名歌人吉田兼好所说："天下所有伟大人物，起初都是很幼稚且有严重缺点的，但他们遵守规则，重视规律，不自以为是，因此才成为名家并进而获得人们的崇敬。"所以，名人成长也具有其非凡之处，这才是我们应该学习的地方。

英国著名哲学家培根说："用伟大人物的事迹激励青少年，远胜于一切教育。"为此，本套作品荟萃了古今中外各行各业最具有代表性的名人，阅读这些名人的成长故事，探知他们的人生追求，感悟他们的思想力量，会使我们从中受到启迪和教育，让我们更好地把握人生的关键，让我们的人生更加精彩，生命更有意义。

简 介

彼得·伊里奇·柴可夫斯基（Пётр Ильич Чайковский，1840~1893），俄罗斯伟大的浪漫乐派作曲家，也是俄国民族乐派的代表人物，其风格直接或间接地影响了音乐界的很多人。

柴可夫斯基从小就对音乐很感兴趣，非常喜欢钢琴和作曲，但却遭到父亲的反对，被送到法学院念书，希望他做个律师。后来，柴可夫斯基从法学院毕业，但他并没有忘记自己的理想。在司法部任职期间，他勤奋学习音乐，尝试作曲，并成为新成立的圣彼得堡音乐学院的首届音乐系学生。

1865年，柴可夫斯基应莫斯科音乐学院院长之邀，前去任教达12年之久。这时，开始了他创作的第一个时期。他写下许多早期名作，舞剧《天鹅湖》即在此期间诞生。

1877年，他辞去音乐学院的教授职务，在梅克夫人的资助下，从事专业音乐创作，很多优秀作品便是这时期所作的。

1893年10月28日，柴可夫斯基在圣彼得堡亲自指挥演出他的代表作品《第六交响曲》，9天后便离开了人世，享年53岁。

柴可夫斯基的作品繁多，体裁广泛，仅大型作品就有：10部歌剧，其中以《叶甫根尼·奥涅金》和《黑桃皇后》最为著名；6部交响曲，以《第五交响曲》和《第六交响曲》最为著名；4部协奏曲，以《降B小调第一钢琴协奏曲》和《D大调小提琴协奏曲》最为著名；3部舞剧：《天鹅湖》《睡美人》和《胡桃夹子》；以及幻想序曲《罗密欧与朱丽叶》《1812序曲》《意大利随想曲》和钢琴套曲《四季》等。

柴可夫斯基的音乐真挚、热忱，注重对人的心理的细致刻画，充满感人的抒情性，同时又带有强烈的、震撼人心的戏剧性。他的旋律具有俄罗斯民族特有的风格，他的和声浓重、丰满，显露着作曲家本人的个性气质，富有难以言传的魅力。

柴可夫斯基继承了俄国音乐传统，又注意吸取西欧音乐文化发展的经验。他重视向民间音乐学习，把高度的专业技巧和俄罗斯民族音乐传统很好地结合起来，把清晰而感人的旋律、强烈的戏剧性冲突和浓郁的民族韵味富于独创性地有机地融合在他的作品中。

柴可夫斯基还建立了自己宏大的交响音乐体系。它不同于贝多芬的体系，而是以俄罗斯风格概括了贝多芬之后的交响音乐的许多发展。他的音乐，是俄罗斯文化在艺术领域内的最高成就之一。他本人是总结欧洲音乐发展的、时代的、伟大的、世界规模的俄罗斯人。

俄国文豪托尔斯泰说："从柴可夫斯基的音乐中可以看到俄国人民的灵魂。"

他被誉为是继莫扎特、贝多芬后的人类音乐史上的第三个里程碑式的人物。

肖斯塔科维奇说："他的作品已经成为作曲家们的一部独特的'技术百科全书'。"

他的作品曾对俄国和同时代各国作曲家的创作产生了深刻的影响。这种影响也延续到现在，也必会延续到将来。

目　录

音乐熏陶下的少年 …………………………… 001
将生命献给音乐 ……………………………… 009
放弃法律，重拾音乐 ………………………… 012
出版第一首乐曲 ……………………………… 016
走进音乐学院 ………………………………… 021
美好的音乐时光 ……………………………… 025
任教于莫斯科音乐学院 ……………………… 031
完成第一部交响乐 …………………………… 037
与"强力集团"的交往 ……………………… 041
一段无疾而终的初恋 ………………………… 049
创作《如歌的行板》 ………………………… 056
谱写《第一钢琴协奏曲》 …………………… 060
凄美的《天鹅湖》 …………………………… 064
遇到生命中的贵人 …………………………… 069
创作歌剧《叶甫根尼·奥涅金》 …………… 075
遭遇不幸的婚姻 ……………………………… 084
杰出的《第四交响曲》 ……………………… 094
创作《斯拉夫进行曲》 ……………………… 103
不拘一格的交响曲 …………………………… 107

别了，亲爱的莫斯科	111
感谢生命中的挚友	114
来自民间的动人乐曲	118
谱写《意大利随想曲》	122
纪念恩师的三重奏曲	125
为穷苦孩子捐资助学	131
一部独特的交响曲	136
重新拿起指挥棒	141
享誉全球的旅行演出	145
矛盾的《第五交响曲》	152
第二次赴欧旅行演出	157
纯情妩媚的《睡美人》	161
神秘诡异的《黑桃皇后》	167
童稚诙谐的《胡桃夹子》	173
难忘的旅美演出	178
同老友的深厚友谊	181
与梅克夫人决裂	187
看望童年的家庭教师	196
最后的《悲怆交响曲》	201
伟大的柴可夫斯基	206
附：年　谱	211

音乐熏陶下的少年

1840年5月7日彼得·伊里奇·柴可夫斯基出生于俄国的边境小镇伏特金斯克。父亲伊里亚·彼得罗维奇·柴可夫斯基是当时伏特金斯克矿区一个官办的铁矿厂经理,他做过矿山学校教师,当过工程师和矿场总管,是一个非常善良、谦逊、和蔼可亲的人。

已到不惑之年的老柴可夫斯基算是小镇上的一位名人,铁矿厂经理的职务使他收入颇丰。他在前妻去世后,娶了年轻而贤惠的亚历山德拉·艾希尔。亚历山德拉·艾希尔是一位法国移民的女儿。据说艾希尔的祖辈是为逃避法国大革命而来俄国定居的,她的父亲是位有名望的议员。

艾希尔受过很好的教育,在文学和音乐方面很有修养,能讲一口流利的法语和德语,会弹琴,能唱歌,富裕的家境使他们的生活安定而甜蜜,艾希尔闲暇时常常坐在钢琴旁打发时光,她弹的钢琴往往使丈夫着迷。

伏特金斯克远离喧嚣的欧洲,在这偏远的地方,到处洋溢着大自然的魅力与旋律。高峻的山峰,林立的松树,冬天一身银装素裹,春天一片郁郁葱葱。漫步白桦林中,似有一双双眼睛在追寻,泛舟河上，又有一曲曲渔歌在荡漾……小柴可夫斯基最喜欢牵着母亲的手，陶醉在这安谧和古朴的大自然中。

"妈妈，这渔歌真好听。他们心中一定有许多难过的事吧？"

天真的小柴可夫斯基常常会为一首首悠扬的民歌感动，母亲艾希尔也常常情不自禁地跟着哼唱。母亲会唱当时许多流行的歌曲和浪漫曲，她并不是一个音乐家，但孩子却在她那优美的钢琴曲中，在她柔美的哼唱中陶醉。这些便形成了柴可夫斯基早期初步的音乐启蒙。

柴可夫斯基4岁那年，母亲艾希尔为大儿子库拉依和寄居他们家的外甥女丽蒂亚请了个女家庭教师。她选中了一位年轻的法国姑娘，名叫樊妮·德贝巧。

老师一上任，"可爱而早慧的孩子"柴可夫斯基就闹着要跟班学习所有课程，就这样，年幼的他就加入了跟哥哥姐姐一起学习的行列。

柴可夫斯基家的孩子们接受着严格的传统教育，他们必须按照规定的作息时间学习、玩耍，进行女教师安排的各种活动。小柴可夫斯基非常聪明，也很努力，在听女教师阅读文学作品时，他总是聚精会神，而在课间休息时，他会想出许多游戏的花招儿。

每当下午的时候，孩子们就围坐在德贝巧身边轮流讲故事，小柴可夫斯基讲得绘声绘色，很吸引人。不过，他却是个"玻璃人儿"，特别敏感和脆弱。对待他可要小心翼翼，微不足道的小事也会刺伤他，别的孩子当成耳旁风的批评和责怪会让他惊恐不安。女教师对小柴可夫斯基的照顾倍加精心。

小柴可夫斯基不仅热爱学习，对音乐也很感兴趣。当时家里除了有一架钢琴之外，还摆着一台名叫"乐队琴"的奇特的乐器。它由许多粗细不同、长短不等的风琴管子组成，能发出乐队中许多乐器的声音，类似现在的录音盘。

这件乐器在小柴可夫斯基的脑海里留下了最初的印记，特别是在乐队琴的音乐集锦中有他终生喜爱的莫扎特的歌剧《唐·璜》中的咏叹调，还有当时在俄罗斯甚为流行的意大利歌剧大师贝里尼、唐尼采蒂和罗西尼等人的作品选曲。当时柴可夫斯基凭自己灵敏的听觉，能在钢琴上十分准确地弹出他从乐队琴里听到的曲调。

柴可夫斯基刚过5岁生日后，家里就为他聘请了一位钢琴教师，对喜欢音乐的他进行比较系统的训练。

钢琴教师的名字叫玛丽亚·玛尔柯夫娜·帕里契柯娃，柴可夫斯基在玛丽亚老师的指导下渐入佳境，在音乐的海洋中如鱼得水，不到几个月的时间，他就可以跟玛丽亚老师弹奏得一样好听了。

在跟玛丽亚学习弹琴的这段时间里，柴可夫斯基常常表现出一种非凡的才能。

一次，一位波兰客人曾向他介绍过肖邦的《玛祖卡》，后来他居然自学学会了两首《玛祖卡》，这的确让人吃惊。

有一天，家里来了许多客人。整个晚上大家都在弹琴唱歌、欣赏音乐。因为是过节，孩子们被允许也和大人们一起欢乐。

起初小柴可夫斯基也玩得很高兴，而晚会即将结束时，玛丽亚老师忽然发现他不见了，连忙跑到儿童间去察看，发现他正一个人躺在床上，但并没有睡着，而是眼睛里闪着晶莹的泪珠。

玛丽亚老师轻轻地抚摸着小柴可夫斯基的头，问他到底发生了什么事，小柴可夫斯基哭着说："啊，这音乐，这音乐……"

其实当时四周已听不见任何乐声。"快把这音乐赶走吧，它总是萦绕在我脑海里，它就在这里！"柴可夫斯基指着自己的头抽泣着说，"它让我静不下来！"

常有这样的情形：夏日的黄昏，落日恋恋不舍地逗留在遥远的天边，晚霞染红了天空和湖面，从孤独的渔舟上不时传来渔民凄婉低沉的吟唱。小柴可夫斯基便一动不动地一个人坐在阳台上，一声不吭，好像他的魂已被那歌声带走了。这时无论谁和他说话他都听不见，谁也没有办法把他从阳台上拖进卧室。可见他是多么痴迷音乐呀！

在柴可夫斯基8岁这年，老柴可夫斯基接受了一份新的工作，他放弃了在伏特金斯克的铁矿厂经理职务。一家人决定背井离乡，准备前往莫斯科。

1848年9月26日，老柴可夫斯基带领一家老小，从伏特金斯克出发，踏上了寻求新前途的旅程。但是，当他们一家人拖着疲惫的脚步跋涉了12天到达莫斯科之后，老柴可夫斯基才发现，自己被一个不讲道德的朋友欺骗了，原来讲好的职位已经另有人代替了。

当时，正赶上莫斯科流行霍乱病，全城笼罩在一片恐怖的氛围之中。老柴可夫斯基很无奈地决定离开莫斯科，前往圣彼得堡。

再次经过一段漫长的旅程后，柴可夫斯基一家人到达了圣彼得堡。但此后的日子也并不顺利。哥哥库拉依和柴可夫斯基上了一所寄宿学校，但他们在这里经常受到欺负和歧视，学习也跟不上进度。没多久，兄弟俩就染上了麻疹，闹得整个家里都很不安宁。

经过一段时间的精心治疗，两个孩子虽然都恢复了健康，可是柴可夫斯基由于生了这场大病，又加上对环境的不适应，留下了比较严重的后遗症，变得郁郁寡欢，沉默寡言。

这时，老柴可夫斯基又找到了另外一份工作，就是去靠近西伯利亚边境的阿拉里纳斯克附近的一家私营矿山当经理，于是他们不得不又一次开始长途跋涉。但柴可夫斯基的哥哥库拉依仍然留在圣彼得堡，以继续完成他在寄宿学校里的学业，家里的其他成员又都踏上了漫漫征程，再一次开始吉凶未卜的旅程。

阿拉里纳斯克矿山是乌拉尔最古老的黑色冶金中心之一，创建于18世纪初叶，具有悠久的开采历史。矿脉分布在乌拉尔山脉的支系，紧邻尼瓦河，景色壮美。老柴可夫斯基很喜欢这里的一切，他们一家很快就在此安顿下来，开始了新的生活。

生活计划的不断改变，家庭地址的不断变迁给柴可夫斯基带来强烈的不稳定和彷徨感，另外，他还得忍受和哥哥库拉依分离的痛苦，因为他对兄长甚为依赖和尊重。所以，尽管柴可夫斯基的健康状况在一步步好转，但他的性格却变得越来越郁闷、急躁。这让母亲艾希尔很是着急。

柴可夫斯基的这种情况直至1849年年底才渐渐有所好转，家里又为他请来一位家庭教师，在新老师的精心管教下，柴可夫斯基才渐渐地恢复了对学习的兴趣。

这年的5月，母亲艾希尔又生下了一对双胞胎男孩，分别取名为阿纳托利和莫代斯特。可爱的双胞胎兄弟比柴可夫斯基整整小了10岁，但年龄的差异并没有影响他们之间持续一生挚热的亲情。

双胞胎兄弟出世没多久，家里便决定恢复柴可夫斯基的正规教育。1850年，柴可夫斯基被父亲送进圣彼得堡法律学校，成了一名法律专业的学生。

圣彼得堡法律学校是一所著名的贵族法律学校，是专门为沙皇的司法部门培养官吏的学校，但它也培养出了作曲家亚历山大·谢洛夫和艺术批评家弗拉吉米尔·斯塔索夫等一些杰出人才。然而，在柴可夫斯基进校时，这所学校已不像从前那样教授音乐了，这对柴可夫斯基来说是极为不幸的。

1850年10月，柴可夫斯基在母亲艾希尔的陪伴下，到达了圣彼得堡。这期间，母亲带他去看著名俄罗斯作曲家格林卡的歌剧《为沙皇献身》。这也是年幼的柴可夫斯基第一次到剧场观看正式的演出。

从乐队奏响第一个音符起,柴可夫斯基就因新奇和神秘的感觉而屏住了呼吸。熟悉的俄罗斯生活的场景一一展现在他面前,乐队的演奏和歌手的演唱都令他感到十分熟悉。他习惯带有俄罗斯民族风格的音乐,就像习惯母亲的嗓音一样。由此,柴可夫斯基的脑海里打开了一扇通向美妙旋律的自由之门。

就在母亲安排好一切行将离开圣彼得堡的时候,从出生以来一直没有离开过母亲的柴可夫斯基感到十分难过,一种从未有过的孤独和恐惧突然袭来。

柴可夫斯基哭叫着紧抓着母亲的衣角不放,不让母亲走。人们怎样劝慰都无济于事,只好强行把他从母亲身边拉开。

柴可夫斯基一直哭喊着,跟在母亲坐的马车后面奔跑,直至渐行渐远的马车看不到踪影。这是柴可夫斯基第一次离开家,他很难适应法律学校的生活。他非常想念父母,想念哥哥,性格变得越来越抑郁、孤僻。

性格孤僻的柴可夫斯基把自己的精力都投入学习中,所以他的成绩非常好。虽然他不喜欢学校设置的那些枯燥课程,但是他从小养成了认真做事的好习惯,他对待学习也是一丝不苟的。

但是,幼时就表现出强烈自主精神的柴可夫斯基不甘受学校刻板教条和沉闷空气的羁绊,向往更为广阔、自由的发展空间,所幸的是学校还没有迂腐到限制学生课外兴趣的地步。

受俄罗斯深厚的文学传统的熏陶和影响,当时学校的贵族子弟都普遍爱好文学,学法律的学生爱好写诗作文也并不稀奇,而且他们还自己出版文学杂志,发表自己的习作。

柴可夫斯基班里有一名叫历可赛·卡什金的同学,他后来成为著名的俄罗斯诗人。他是班上文学刊物的创办者,当时就显露出杰出的写作才能。这时候的柴可夫斯基也积极从事文学活动，不仅写诗，而且写小说和一些评论文章。

除了写诗、作文之外，酷爱音乐的柴可夫斯基还是将他的主要课余时间都放在他所钟爱的音乐课业上了。他着重练习钢琴演奏，有时在琴凳上一坐就是好几个小时。枯燥而有益的练习为他日后成为技巧熟练、风格独特的作曲家打下了坚实的基础。

柴可夫斯基的音乐老师是位名叫克莱尔的德国老先生。老师对柴可夫斯基的音乐灵气很欣赏，看到柴可夫斯基刻苦勤奋地练习弹钢琴，他感到很满意，那时学生们时常聚在音乐教室里听音乐、练唱歌。

有一次，大家一起欣赏了乐曲《海鸥》之后，柴可夫斯基立即在钢琴上凭着记忆弹奏出这首曲子，大家对他的音乐敏感性赞叹不已。从那时起，柴可夫斯基开始试着写曲。缕缕乐思萦绕在他的脑海，他沉浸在自己喜欢的音乐里。

在法律学校的柴可夫斯基就已表现出谦逊、温和、善良和乐于助人的优秀的品质。班级里的同学也都十分乐意跟他交往，他也乐于与同学们分享他的喜悦和忧伤。不仅如此，同学们还明显感到柴可夫斯基身上具有一种无法表达的、超出常人的心理潜质。

柴可夫斯基虽然对刻板机械的法律课程不感兴趣，但出于一种责任和道义，他还是始终十分认真地尽量完成好自己的课业，不辜负父母的一片苦心。

在法律学校读书的几年中，唯一使他感到开心和高兴的大概是他每周一次与哥哥库拉依的相见。当时库拉依就读于圣彼得堡的一所矿业学校，兄弟俩每周日相见一次，叙叙亲情，晚间怅然分手，各自回到自己的学校。

1854年7月柴可夫斯基挚爱的母亲不幸得了霍乱病，没多久就去世了。母亲的离世给14岁的柴可夫斯基带来了无尽的伤痛。人间已经没有了他慈爱的母亲，一向感情脆弱的柴可夫斯基难以接受这个残酷的现实。母亲走了，永远地走了，母亲的离去带走了家庭的温馨。

　　母亲去世后，柴可夫斯基的家庭发生了很大变化，哥哥库拉依和妹妹亚历山德拉各自进了不同的学校读书，家里只剩下父亲和两个双胞胎弟弟，一下子变得十分冷清。

将生命献给音乐

在法律学校的课堂上，柴可夫斯基经常偷偷看有关音乐的课本，那些杰出音乐家的故事像定音鼓一样敲击着他的心灵，那些起伏波动的音符如同海中的浪花，在他的胸膛中激起波澜。

一次，他看乐谱着了迷，手指便不自觉地在课桌上轻轻敲起了旋律。

"柴可夫斯基，你在干什么？"讲台上的老师生气地问道。

柴可夫斯基心里一惊，抬起头，只见老师站在他面前，同学们则望着他窃窃私语，做着鬼脸。柴可夫斯基一时紧张起来，结结巴巴地回答说："我……我什么也没干。"

老师从他的课桌中拿出音乐课本，语重心长地说道："我知道你喜欢音乐，可你不应该影响其他的同学……"

柴可夫斯基惶恐地站了起来："老师，对不起，我不是故意的，我……"说着，柴可夫斯基低下头不敢说话了。

"你以后要注意，不能再这样下去了。"老师说罢便走回讲台继续上课了。

柴可夫斯基后来还是经常偷偷在课堂上看音乐书，练习作曲，但他特别注意不发出声音，没有再犯敲响课桌的错误。

圣彼得堡是俄罗斯的大城市，有很多座剧院，这是柴可夫斯基以前居住的小镇伏特金斯克所没有的。柴可夫斯基充分利用这一条件，经常在晚上去剧院听歌剧，尤其喜欢的是莫扎特和格林卡的歌剧。在当时，歌剧的票价是十分昂贵的，但柴可夫斯基宁愿自己在生活上节衣缩食，也绝不肯放过一场优秀的歌剧或音乐会。

有一天，柴可夫斯基从海报上看到一则消息，说意大利的一个著名歌剧团要来圣彼得堡演出莫扎特的歌剧《唐·璜》。他欣喜若狂，立刻赶到剧院去买票。但一看票价，柴可夫斯基就愣住了，票价比俄国剧团的演出票价高出好几倍，而这月他剩下的生活费根本不够买一张票，这使得他很是苦恼。

怎么办？向同学借吗？他生性腼腆，更不愿向那些老嘲笑他的同学借钱。舍弃这出歌剧？怎么舍弃得了呢？意大利的著名剧团来圣彼得堡演出是一次很难得的机会，而且这次演出也是自己盼望已久的，最重要的是有自己最喜欢的音乐家莫扎特的歌剧，怎么办？

柴可夫斯基很不甘心地在剧院周围踱步徘徊。天上下起了雨，但一心想看歌剧的他似乎没有感觉到。雨水随风刮进了剧院一扇敞开的窗户，室内的工作人员把窗户关上了。柴可夫斯基真想把自己也化作一滴雨水，钻进剧院里去。

这时候，几辆运货的马车停在剧院的后门。车上下来一伙人急急忙忙向剧院内搬运剧团演出用的道具、服饰等物品。一个负责人高喊着："大家稍微快一点，千万要小心，不要把物品淋湿了。"

柴可夫斯基不由自主地迈出了脚步，上前帮忙搬运起来。他还没有成年，很瘦很弱小，也没干过什么体力活，搬起东西来很是吃力。但他很卖力气地干活儿，脸上又是雨水，又是汗水。其他干活儿的大人都夸奖起这个懂事能干的男孩子来。

在柴可夫斯基的帮助下，物品很快就搬运完了，负责人挥挥手把柴可夫斯基叫了过去。

"小朋友，非常感谢你啊，累坏了吧？"

"没有，还好。"柴可夫斯基擦着脸上的汗水回答说。

"还说不累呢，满脸都是汗了。看，衣服也被雨淋湿了。"负责人说着，便从衣服兜里掏出钱来，"给，这是你应得的酬劳。"

"不，先生，我不能要您的钱。"柴可夫斯基向后退了一步。

"拿着吧，孩子，你帮我们干了那么多的活儿，这是你应得的。"

"不，我真的不能要！"柴可夫斯基把手背到身后。

"你真是个善良的孩子呀！可这钱你一定得收起来，不然我们的良心会不安的。"

"先生，我不要钱，如果您实在要谢我，就让我进去观看你们的歌剧演出吧！我是个歌剧狂，十分希望能看到你们的这次演出。"

"好，没问题！我可以答应你。你可以在后台观看我们的演出！"

柴可夫斯基听后激动得声音都发抖了："谢谢您，非常感谢您。"

意大利演员的演出是高水平的，柴可夫斯基眼界大开，他睁大眼睛注视着演员的每一个动作，竖起耳朵倾听演员唱出的每一个音符。看到感人的地方，他不觉泪流满面，激动得颤抖。

柴可夫斯基看完歌剧回到学生宿舍后，仍然沉浸在歌剧的情节和音乐当中，久久难以平静。他睁大眼睛望着窗外皎洁的明月，心中回荡着歌剧一段段动人心魄的旋律……

第二天，柴可夫斯基给父亲写信，他要同亲爱的父亲一起分享欣赏意大利歌剧的激动与喜悦，他在信中说：

> 意大利歌剧团演出的莫扎特歌剧《唐·璜》给我留下了强烈印象，它激起了我的一种神圣感。我崇拜莫扎特，我要将我的生命献给音乐。

放弃法律，重拾音乐

时间过得真快，转眼间柴可夫斯基就从法律学校毕业了，他得到了一份在司法部做书记员的工作。

对一般学生来说，毕业后能分配到司法部这样好的部门工作，是求之不得的事情，这里的薪水会比较高，晋升的机会也比较多。但柴可夫斯基却不这样认为，他对司法部的工作没有任何兴趣，还是一如既往地痴迷音乐。

在司法部工作的柴可夫斯基经常去剧院看歌剧或芭蕾舞剧，也开始参加圣彼得堡社交界的活动，他在晚会上即兴演奏钢琴。柴可夫斯基也很擅长演戏。

有一次他参加了业余戏剧小组排练演出的《村姑》，他在第二幕中扮演地主，还曾在《痛苦来自温柔的心》中饰演男主角。他的高雅风度和卓越演技赢得了上流社会人们的称赞。

但柴可夫斯基的音乐时光总是短暂的，他不得不应付那些使他感到非常厌烦的沉闷、古板、僵化的官僚机构，一走进死气沉沉的司法部大楼，他就感到喘不过气来，浑身不舒服。最使他感到头疼的是两件事：

一件事是同司法部的上级领导打交道。他生性腼腆，不善应酬，见到生人就脸红，更不会阳奉阴违。但是在官僚机构，对领导溜须拍马是司空见惯的事，不这样就很难有晋升的机会，甚至连原有的职位也很难保住。

柴可夫斯基在走廊见到领导就躲避，或是低头走过，平常也不与领导套近乎。他不接近上层领导，领导自然对他也很冷淡，甚至有时对他冷眼相待。同事们也都认为柴可夫斯基很怪异，也不合群。同事们异样的眼光，那背后小声但很难听的议论，使柴可夫斯基感到很不自在，就好像有刺扎在自己的心头上。

另一件使柴可夫斯基感到头疼的是阅读枯燥、乏味的公文。这些公文满是空话、套话、废话，而且又臭又长，让柴可夫斯基看了又头疼又反胃。但柴可夫斯基是一名书记员，他每天都得接触大量的公文，不是阅读就是书写，这让他很是厌烦。柴可夫斯基是一个性格浪漫、崇尚自由的人，如今每天受到上级领导冰冷的目光和满桌公文的束缚，他真是难以忍受。

这一天，柴可夫斯基的上级领导把他叫进办公室。柴可夫斯基很平静地站在领导面前，但却感到浑身都不自在。

"柴可夫斯基，你把这份文件拿去仔细看看，然后写一份摘要给我。"留着大胡子的上级领导把一沓厚实的公文递给柴可夫斯基。

"好吧！"柴可夫斯基拿起那份长达好几十页的文件，感到就好像拿起了一块臭烘烘的腐肉。

柴可夫斯基回到自己的办公室，强耐着性子，硬着头皮看起那让他头疼的文件来。

"讨厌，全是些空话、套话、废话，啰里啰唆，起码得删去一半以上。"读过10多页之后，柴可夫斯基实在是受不了，"垃圾，这些全都是些垃圾！"

柴可夫斯基有一种习惯，他总是喜欢将像音乐会节目单之类的东西，心不在焉地撕碎后放进嘴里咀嚼，似乎在品尝着什么。以前的同事们看了都只是笑笑，但谁也没有想到，他会把这些公文吃下肚去。

"柴可夫斯基，你在干什么呢？"当办公室的一位同事叫住柴可夫斯基时，已经有4份文件被吞进了他的肚子里。

"我……我……"柴可夫斯基这时才意识到自己把文件吃进了肚子里，不由得有些惊慌失措。

"你怎么能把公文吃进肚子里呢？你这是故意损坏文件啊！"同事指着桌上缺损的公文说。

"我，我不是有意的，不是有意的……"

"那你自己去向上级领导说明吧，他刚才还等着用这份文件呢！"

无可奈何的柴可夫斯基，耷拉着脑袋走进了上级领导的办公室，向领导解释了自己的无心之举。

没想到领导满面怒容，两眼紧盯着他说："你为什么要毁坏文件？你是对文件不满意呢，还是对你自己的工作不满意？"

"我不是有意的。"

"那为什么要毁坏那些文件呢？"

柴可夫斯基低头不说话了。

"平时就经常看到你不阅读公文，偷偷地看乐谱。"

柴可夫斯基仍低头不语。

"依我看你不适合在司法部当公务员，你适合到乐团，或是到歌剧院去工作。"

柴可夫斯基暗暗在心里说道："是的，我讨厌在这里上班，我只喜欢音乐，音乐！"

"你要是实在不愿意在司法部工作，就辞职吧，不要在这里耽误了工作，这样也就不会影响别人了。"领导拉着长长的脸说。

"是的，我是有辞职的想法，到时候你不赶我我也会走的。这个地方我早就不想待下去了！"

当然，柴可夫斯基没有把这些话说出口，他只是在肚子里默默地想象罢了。

于是，这次公文风波之后，在司法部工作了一年多的柴可夫斯基便辞职了。当他走出阴森的司法部大楼时，长长地舒了一口气。他终于解放了，终于可以做自己喜欢的音乐了。

出版第一首乐曲

从司法部辞职后，柴可夫斯基不是很顺心，他常用学习和欣赏音乐来排遣心中的烦闷。他每天练习弹琴、作曲，或是出去欣赏音乐、歌剧。

随着作曲技艺的渐渐提高，他产生了一个想法：创作一首能达到出版水平的乐曲。

作一首什么样的乐曲呢？柴可夫斯基的脑海里又晃动着母亲的身影。母亲艾希尔生前最喜欢弹奏浪漫曲，也喜欢唱浪漫歌曲。夜里，躺在床上，母亲弹奏过、唱过的浪漫曲在耳畔响起，似乎在提醒着他，鼓励着他。就创作一首钢琴浪漫曲吧，题目就叫《夜半》。

柴可夫斯基在母亲天堂之灵的鼓励下，很顺利地创作出了《夜半》这首钢琴浪漫曲。他自己用钢琴弹奏一遍，感觉很不错。大凡作曲家创作后，总想有向公众展示的机会。

而这时的乐曲创作展示途径有两个，一是由乐队进行公开演出；二是由出版商进行出版。

对由乐队公开演出，柴可夫斯基想都不敢想，哪个乐队会排练、演出一个初生牛犊的初试之作呢？但是，就这样把《夜半》的曲谱锁在抽屉里又不甘心。那么，只好到出版商那里试一试了。如果能够由出版商进行出版，印刷成书在书店里销售，那也是很不错的。可出版商会出版这首《夜半》浪漫曲吗？柴可夫斯基心里暗自思忖着。

但是，柴可夫斯基还是下定决心去试一试。他带着《夜半》曲谱，忐忑不安地走进一家出版商的店里。他事先打听了，这位出版商很喜欢音乐，除了出版文学作品外，有时还出版一些曲谱。

出版商是一个戴眼镜的中年男子，他穿着很讲究的西服、雪白的衬衫，很有绅士风度。

"先生，我自己创作了一首浪漫曲，想请您看一下，希望能够得到您的认可并出版。"柴可夫斯基很自信地说道。

"哦？浪漫曲？你的作品吗？"出版商透过眼镜有些吃惊地看着柴可夫斯基。

"是的，是我自己的作品！"

"那你就是在乐队工作了？"

"不，不是的，先生。"

"哦，那你是音乐学院的学生？"

"不，也不是，我曾经是司法部的一名公务员。"

"那么，以前你发表过类似的音乐作品吗？"

"没有，这是我第一首拿出来发表的乐曲！"

"你是在哪里学习作曲的？"

"小时候家庭教师教过我一些作曲的常识，后来我自己也学了很多。"

"哦！是这样啊！那么，你认为你的这首乐曲达到发表水平了，是吗？"

"我自己觉得很好，如果您这边有钢琴的话，我可以弹奏给您听一听。"

"有，在大厅里，好吧，你就弹给我听一听吧！"

出版商将柴可夫斯基带到大厅。

坐到钢琴边，柴可夫斯基马上镇静下来，信心也增加了百倍，因为他的钢琴弹奏水平是受到很多人赞扬的。他熟练而富有情感地弹奏起来……

一曲奏罢，出版商鼓起掌来："不错，这是一首很不错的曲子，很高兴地告诉你，我同意出版。"

"真的吗，先生？您真的同意出版？"柴可夫斯基兴奋地站了起来。

"是的。你的乐曲很有味道，我愿意给你出版。"

柴可夫斯基鞠了一躬："谢谢您，先生，非常感谢您！"

"年轻人，我出版过一些乐曲，我自己也还是有一些音乐鉴赏力的。从你弹奏的乐曲中，我感受到了你的音乐天赋。好好努力，你一定会成为一个作曲家的。"

柴可夫斯基又鞠了一躬："谢谢您，先生，谢谢您的鼓励！"

假日，柴可夫斯基回到父亲身旁，拿出新出版的《夜半》乐谱给父亲看。

手持儿子出版的钢琴浪漫曲《夜半》，老柴可夫斯基十分高兴。他一边翻看，一边不由自主地嘀咕着："好，很好。"

"爸爸，我把曲子弹奏给您听听吧！"柴可夫斯基说。

"好，好。"父亲点点头。

柴可夫斯基又尽情地弹奏起来。

听完儿子的弹奏，老柴可夫斯基眼中放出光芒，"好，很好。孩子，你创作的这首乐曲非常好！你妈妈说你有作曲的天赋，她没有说错。她要是还在世的话，也会为你的这首乐曲高兴的。"

"谢谢爸爸，谢谢您的鼓励。"得到一向反对自己搞音乐的父亲的夸奖，柴可夫斯基更增强了自信。

"孩子，看来你到司法部工作以后，仍然没有放弃对音乐的学习与练习。"老柴可夫斯基看着儿子说。

"是的，爸爸。下班后，我一直学习作曲，也练习作曲。"

"那你今后有打算吗？是把音乐当作一项业余爱好，还是……"

"爸爸，我这次回来就想同您商量这件事。我对当公务员完全没有兴趣，甚至很厌恶，我想今后全身心地投入到音乐创作这方面来。"

"你是想去搞音乐？"

"是的，我想这样做。"

父亲沉默片刻后，说："我送你进法律学校学习，是想让你进入政府部门，这样收入比较稳定，能有晋升的机会！社会地位也会比较高。可你却一心要搞音乐，但你确实显露了在这方面的天赋，爸爸尊重你的想法。你已经长大成人了，可以选择自己喜爱的生活道路了。"

"谢谢爸爸！"父亲花大价钱送自己去圣彼得堡法律学校学法律，可自己在毕业后却想改行，本来觉得有些对不住父亲，担心父亲会发怒，但现在听父亲这样说，柴可夫斯基心里舒服了很多。

"孩子，可是你要想好了，现今以音乐谋生的人，生活是很艰难的，收入也很不稳定，报酬也非常低。"父亲又说。

"这些情况我都知道，我会想办法克服的。做自己愿意做的事，再苦再累心里也是高兴的。"确实，柴可夫斯基近一时期仔细考虑了这件事，他知道父亲现在已经退休，弟弟妹妹上学也需要很多钱，家里是不能再拿出多余的钱供自己学习音乐了。他决心自己创造条件，克服困难，走上职业音乐人的道路。

"好，孩子，你就勇敢地去走自己选择的路吧！爸爸祝你取得新的成功。"

"爸爸……"柴可夫斯基高兴地握住了父亲的手。

父亲拍拍儿子的肩膀说:"孩子,再给爸爸弹一次你新出版的乐曲吧,就当作你即将走上新的道路的进行曲。"

柴可夫斯基再次坐到钢琴前弹奏起来,这次他弹得更加自信,更加生动了。流畅的琴声中,洋溢着他对未来音乐事业的憧憬和向往……

走进音乐学院

19世纪60年代初的俄国，农奴制刚刚废除，资本主义开始萌芽和发展，随着先进社会民主思想的发展，科学技术、文化教育事业也在迅速发展。在艺术领域，特别是音乐界呈现了空前繁荣的局面。各种音乐团体相继成立，也开始举办大众普及性的音乐会。

也就在此时，俄罗斯音乐协会成立了。这个协会成立的目的是促进俄国的音乐研究和演奏，同时也为了让非贵族出身的知识青年能有机会接受音乐教育。随后一段时间，俄罗斯音乐协会开办了音乐班。

当时圣彼得堡一些有音乐才华的人和音乐爱好者都来参加这个音乐班，进行系统的学习。担任音乐班教师的是著名的音乐家尼·依·托连姆巴教授。

柴可夫斯基自从上次征得了父亲的同意后，于1859年秋季加入了这个音乐学习班。他的音乐才华立刻引起托连姆巴教授的关注，并在教授的指导下学习对位法和宗教音乐，此外，他还学习演奏长笛、钢琴和管风琴。

柴可夫斯基本身在音乐上就极有天赋，通过这段时间的学习，他对自己的音乐之路越来越充满了信心。他在1863年写给妹妹亚历山德拉的信中说：

  我知道我会成为一个很好的音乐家的。教授们对我非常认可，并且说由于这种必要的热忱，我将会取得好成绩。
  我还有个梦想，那就是打算在我完成学业之后，到你那儿待一整年，在你那幽静的环境中，写一部作品，然后再进入音乐界。

而哥哥库拉依当时已是地方上一位有成就的官员了，他听说自己的弟弟从事这样一种"有损尊严"的工作后感到很是恐慌，并且挖苦柴可夫斯基说"绝不会成为第二个格林卡"。

对此，柴可夫斯基既谦虚又自信地回答说即使自己最终不能成为一个格林卡，有一天哥哥也会因为是他的哥哥而感到自豪的。

与库拉依的态度截然不同的是，父亲尽自己一切所能来帮助柴可夫斯基，他热心过问儿子的意愿和计划，在多方面给予鼓励，并从自己有限的退休金中挤出钱来资助他。

柴可夫斯基特别感激父亲的支持，虽然他没有如父亲希望的那样在司法界发展，但父亲从来没有责备过他，而且还同意他的想法。有这样一个通情达理的父亲，的确是柴可夫斯基的幸运。

1862年9月，在俄罗斯音乐协会举办的音乐班的基础上成立了圣彼得堡音乐学院，安东·鲁宾斯坦出任音乐学院院长。之前在音乐班听课的学员们现在都成为圣彼得堡音乐学院的第一批学生。

柴可夫斯基开始在圣彼得堡音乐学院作曲班学习。由于钢琴弹奏水平已经相当的高了，柴可夫斯基很快就被教授允许免修钢琴课。

院长安东·鲁宾斯坦是位非常严格的教授，他给学生留的作业繁多而又难度大，很多学生都难以按时如数完成。只有柴可夫斯基一人认真对待，为了按时完成全部作业，他常常彻夜不眠地学习。

有一次在作曲课上，安东·鲁宾斯坦布置为一条指定的主题写对位性变奏曲的作业，要求写得质量好，数量多。安东·鲁宾斯坦教授原以为柴可夫斯基最多也不过能写出10多条而已，可是柴可夫斯基竟出乎意料地写出来200多条。

原来柴可夫斯基为了完成这个作业整整写了3天3夜，只在特别困乏时趴在桌面上睡一小会儿。到第4天交作业时，他交上了223条对位性变奏曲。

看到柴可夫斯基的作业，安东·鲁宾斯坦很是欣喜，他把柴可夫斯基叫到自己的办公室认真地说："柴可夫斯基，你真的让我吃了一惊，我教过很多学生，可从没有人在3天时间里写出这么多对位性变奏曲调的。你很有天赋，也特别的勤奋，我可以断言，你将来一定会成为一名很好的作曲家的。"

安东·鲁宾斯坦对柴可夫斯基的称赞和鼓励大大增强了他的信心。在音乐学院学习的第二年，他决定集中精力练习作曲。最初，他的生活很窘迫。父亲的供给是有限的，于是他在课余给教授或是演员做伴奏，以此获得一些收入。

1863年4月柴可夫斯基在写给妹妹亚历山德拉的信中说：

> 我的经济情况不是很好，但首先我希望下学期在音乐学院获得一个助教的职位；其次，明年我可以教几节课；最后，也是最重要的一点，由于我完全无求于世俗的舒适环境和丰衣美食等，我的花费缩减到了最小限度。
>
> 你知道这一切以后可能还会问我：我学成以后最终会得到什么结果？只有一件事是我有把握的，我将成为一个

优秀的音乐家，我始终可以生活得更好。音乐学院所有的教授都对我十分满意，并且认为，经过努力，我大有可为。

这之后不久，音乐学院的院长安东·鲁宾斯坦个人出资提供了20份奖学金，用于培训管乐手，以便早日建立起音乐学院自己的乐队。柴可夫斯基跟托连姆巴教授学习长笛，他的进步很快，当乐队成立时，他作为第一长笛手成为乐队的成员。

学院组织学生音乐会时，柴可夫斯基成为安东·鲁宾斯坦的得力助手，他为合唱队伴奏，帮助新组建的乐队排练，他作为定音鼓手参加乐队，把握乐队的稳定节奏和正确音调。他也很喜欢唱歌，他的嗓音纯净悦耳，是个男中音，他特别喜欢唱意大利花腔，喜欢意大利歌剧作曲家罗西尼的咏叹调。

学生时代的柴可夫斯基无论做什么都有非常高的效率。节奏快也是他的天性，他写得快，读得快，做事情快，连走路也快。他当年的同学赫尔曼·拉罗什回忆说：

> 在他这种快速度中没有一点焦躁紧张和手忙脚乱，他丝毫没有催促自己，这种快节奏来自他的天性。他天性中的柔和和神经质的敏感是人们一眼就能看出的，而他的刚毅和精力充沛却很少在外表显现出来，然而这却是他性格的基础。正由于有了这种特性，他才得以做出他后来所做到的一切。

美好的音乐时光

1864年夏，安东·鲁宾斯坦给音乐学院的学生们各布置了一项繁重的假期任务，他要柴可夫斯基写一首序曲。

柴可夫斯基明白老师向来很喜欢李斯特和瓦格纳，如果这次模仿两位大师一定能获得老师的赞美。可是说实话，柴可夫斯基对李斯特和瓦格纳都是一知半解的，而且他也厌倦了那种奏唱曲形式的音乐作品。所以，他想打破学究式的陈规，以创新的方式写一首序曲。

这年，柴可夫斯基与几个要好的同学去观看了话剧《大雷雨》，这是俄国著名剧作家奥斯特洛夫斯基创作的悲剧。此剧通过表现妇女所受的压迫和她们的反抗，反映了当前俄国动荡的现实。俄国封建统治阶级对人民群众的压迫越来越严重，生存艰难的劳苦大众反抗情绪逐渐高涨。

柴可夫斯基在伏特金斯克时就接触了一些渔夫、船夫等劳苦大众，看到了他们缺衣少食的生活。在司法部里他又看到了不少穷苦百姓受不了欺压而奋起反抗的案例。而他的妹夫是"十二月党人"，受到当局的迫害。这一切都使柴可夫斯基感受到了俄国日益紧张的现实，就好像处于大雷雨即将来临的前夜。

柴可夫斯基虽然不是穷苦人，也不是革命党，但他同情劳苦民众，希望消除残酷的压迫，向往自由与光明。在观看话剧《大雷雨》时，剧中的情节引起了他的共鸣，他为剧中被压迫的女主人公流下了眼泪。

回到宿舍后，柴可夫斯基难以入睡，心中仍然波澜起伏，悲壮的曲调在内心升起。他产生了一个强烈的愿望："写一首乐曲，为《大雷雨》配一首乐曲。"

这首乐曲的主题就是饱受压迫的悲痛，为争取自由幸福的斗争，光明和黑暗的较量，人与命运的冲突。乐曲一定要有强烈的冲击力，要有强烈的感染力。

主题和主导基调确定了之后，柴可夫斯基又开始思考一些作曲的具体细节问题。"这首乐曲既然要有冲击力，就要打破陈规旧俗，还要有强烈的个性。嗯，配器也要创新，要大胆使用具有较强音响效果的乐器。嗯，要使用'英国管'，还要使用低音号，还有竖琴……"

在创作这支乐曲的过程中，柴可夫斯基特别渴望下雨，下大雨，下大雷雨。一到下雨的时候，他就跑到树林中的小亭子中去感受风雨。狂野的风掀起了他的衣襟，冰冷的雨水打在他的脸上。这时候他心中涌起了强烈的情绪，乐曲的音符如雨点般打击在他的脑海里。在雷雨中创作的乐章，是整个乐曲最有冲击力的部分。

经过几个月的努力创作，管弦乐序曲《大雷雨》完成了。柴可夫斯基把曲谱给几个要好的同学看，他们都认为很好，说很有个性，很有激情，也很有创新。

柴可夫斯基又把曲谱拿给院长安东·鲁宾斯坦看，安东·鲁宾斯坦以他惯有的严谨认真阅读了曲谱。但柴可夫斯基没有想到，一向对他表扬、赞赏的教授这次却对曲谱很不满意。

"你这首乐曲情绪起伏太大，显得不稳定。典雅、和谐的音乐才能称之为优秀的音乐。"安东·鲁宾斯坦阴着脸说道。他叼着烟斗，想了一会儿，又接着说："你这首乐曲的配器也有毛病，很古怪，完全不符合常规，比如'英国管'的运用……"

柴可夫斯基耐心地听完安东·鲁宾斯坦院长的一连串批评，他心里想："有人说院长是保守派，墨守成规，不愿意接受新的事物，这些说法有一定道理。"但他没有当面同院长争辩，因为他尊敬、热爱他的老师，不想伤害老师的尊严。

但是，是否要按照安东·鲁宾斯坦院长的意见对作品进行大修改呢？柴可夫斯基心里犹豫着。按院长的意见修改，作品就面目全非了，它的特点和个性也会被删改掉的。不按院长的意见改，可他是院长，又是俄国音乐界的名人和权威……

柴可夫斯基经过反复思考，决定不对管弦乐序曲《大雷雨》作大的改动，他认为自己的想法是对的。为了检验这首乐曲的实际效果，他组织学生乐队排练了这首乐曲，并在学生音乐会上演出。

演出的那一天，柴可夫斯基紧张地坐在座位上，注意台下学生们的反应。演出中，同学们听得很专心，很投入，这说明乐曲是有吸引力的。在用"英国管"演奏时，同学们并没有感到反感，而是流露出很新鲜、很感兴趣的表情，他们感到很新颖。

柴可夫斯基暗自想道："看来自己创新的配器方法效果很不错，年轻的同学们都很喜欢。"等到演出结束时，全体学生起立，报以热烈的掌声。

这些同学走到柴可夫斯基身边说："柴可夫斯基，你是好样的，曲子作得非常好！"

"柴可夫斯基，你给我们学生争了光，我们为你感到骄傲自豪！"

"加油啊，柴可夫斯基，你一定会成为一名杰出的作曲家的。"

广大同学对这首乐曲的欢迎使柴可夫斯基既高兴又感动。他想："什么是作曲者的幸福？乐曲受到听众欢迎就是最大的幸福。"他又想："看来学生和老师之间存在着代沟，学生也应坚持自己正确的观点，实践才能检验真理。"

《大雷雨》的创作成功，使柴可夫斯基尝到了创作所带来的喜悦和振奋，他一发不可收，抑制不住自己内心的创作激情，接着又陆续创作了《圆形剧场中的罗马人》、《F调序曲》、《C小调序曲》、《降B大调弦乐四重奏》等。柴可夫斯基感觉到，音乐在他的心中蕴蓄、流淌，总有阵阵的创作冲动在激励着他。

1865年，25岁的柴可夫斯基就要从圣彼得堡音乐学院毕业了，他决心拿出一部出色的作品问鼎学院的毕业大奖。安东·鲁宾斯坦给他出了一个并不新颖的选题：为席勒的《欢乐颂》配曲。

贝多芬著名的《第九交响曲》中的大合唱就是以《欢乐颂》为词的。《欢乐颂》之所以受到不同国家的音乐家的一致喜爱和反复使用并非出于偶然，那是因为席勒诗作中表达的对美好生活和世界大同理想的期盼和追求正好与19世纪60年代俄罗斯进步人士追求民主和平等的思想相吻合。

柴可夫斯基要在这方面与贝多芬竞赛，显然是一种挑战。可贵的是，他并没有退缩，他凭着良好的音乐素养和他的灵感创作了《欢乐颂》大合唱。这首大合唱在毕业庆典上由安东·鲁宾斯坦指挥音乐学院学生集体演出。当安东·鲁宾斯坦把手一挥时，师生随音乐队的伴奏齐声合唱。

音乐学院的学生们欢乐地歌唱。经过数年辛苦的学习，他们就要毕业，走向社会，贡献自己的知识和本领了。老师们也欢乐地歌唱。他们辛勤培育的花朵，就要开放，散发出芬芳，展示出英姿。

柴可夫斯基的心情同其他同学一样欢快，这首大合唱的曲谱是他创作的，现在全学院的师生纵声歌唱自己的作品，使他更加高兴。

欢乐颂的大合唱结束了，师生们仍然沉浸在欢乐的气氛中，这个盛况空前的毕业典礼给同学们留下了深刻的印象，他们将把这难忘的时刻保留在心底，记忆终生。

当时，听完柴可夫斯基的《欢乐颂》后，20岁的音乐学院学生、柴可夫斯基的挚友赫尔曼·拉罗什断言柴可夫斯基在对音乐理论及作曲手法掌握的全面程度上，要明显高于同时代的所有俄国作曲家。他在给柴可夫斯基的信中写道：

我可以坦率地告诉你，我认为你的作品是俄罗斯可以对未来寄予希望的最伟大的天才之作。它比巴拉基列夫的作品更有力、更新颖，比谢洛夫更精练。我从你身上看到了未来音乐之伟大的或者更亲切地说是唯一的希望。你那富有创造性的作品也许再过5年还不会公开发表。

但是，这些成熟的、第一流的佳作将超过自格林卡以来的一切作品。总而言之，与你已经做的以及以你天才的力量和活力总有一天要做的相比，我对你的推崇还很不够。至今，你已提供的证据，正是你要超过一切同时代人的庄严誓言。

毕业典礼结束后，柴可夫斯基来到经常散步的小亭。寂静的环境使他很快冷静下来，一股淡淡的忧伤又涌上心头。毕业后到哪里去工作呢？当时俄国专业的音乐团体很少，刚毕业的学生进入其中很困难。但柴可夫斯基又不愿离开音乐事业，如果找不到合适的工作，靠什么养活自己呢？

正在柴可夫斯基犯愁之际,一位同学来找他,说让他去安东·鲁宾斯坦院长办公室。

柴可夫斯基走进院长办公室。安东·鲁宾斯坦用和蔼的目光看着他,问道:"柴可夫斯基,你毕业后想从事什么工作呢?"

"院长,您应该了解,我最热爱的事业是音乐,我希望能把我的一生都献给音乐事业。"

安东·鲁宾斯坦院长点点头说:"我很欣赏你的这种态度。如果我的学生都不愿意从事音乐事业,那么我们的音乐学院就办得不成功,我这个学院院长也当得不成功。"

安东·鲁宾斯坦停了停,微笑着看着柴可夫斯基说:"我的弟弟,莫斯科音乐学院的院长尼古拉·鲁宾斯坦让我推荐优秀的毕业生去他们学院任教,我推荐了你,你愿意去吗?"

柴可夫斯基眼中流露出惊喜的目光:"我愿意去,我非常希望在音乐界工作,这份工作正合我的心愿。谢谢院长的推荐。我一定会好好干的。"说罢柴可夫斯基向院长鞠了一躬。

"那你办完毕业手续,就到莫斯科音乐学院去报到吧!我的弟弟会很好地接待你的。希望你到了那以后,还要继续努力,要像你在这里一样成绩优异。我衷心地祝愿你今后能成为一个优秀的作曲家。"安东·鲁宾斯坦用期待的目光望着自己的得意门生。

"我一定继续努力,不辜负您对我的培养和期望。"柴可夫斯基的眼中闪烁着坚定的目光。

几天之后,柴可夫斯基就带着安东·鲁宾斯坦院长对自己的期待,也带着他对家人和朋友的思念,告别了第二故乡圣彼得堡,前往莫斯科,去开辟自己的新天地了。

任教于莫斯科音乐学院

1866年1月，26岁的柴可夫斯基只身一人来到了莫斯科。他穿着从同学那里借来的一件旧皮大衣，脚上穿着一双打了补丁的笨重的皮靴，一副穷困潦倒的样子。柴可夫斯基到达莫斯科后，本打算住旅馆，但尼古拉·鲁宾斯坦坚持要他住进自己的院长寓所。

尼古拉·鲁宾斯坦是安东·鲁宾斯坦的弟弟，他5年前来到莫斯科，自己一手创办了俄罗斯音乐协会莫斯科分会，随后又仿效圣彼得堡创办了音乐班，之后又扩建为音乐学院。他是一位出色的钢琴家、指挥家，也是一名称职的组织者和管理者，他理所当然地成为莫斯科音乐圈子里的中心人物。

尼古拉·鲁宾斯坦仅比柴可夫斯基年长5岁。一方面是出于对哥哥推荐来的人的深信不疑；另一方面是出于对年轻作曲家才华的赏识，尼古拉对柴可夫斯基极为热情，照顾得也极为周到。他看到柴可夫斯基带的衣物不多，就先借给他一套礼服，还亲自送来了半打崭新的衬衫，紧接着又带领柴可夫斯基去裁缝店里量身定制了一件正式的晚礼服，好让他体面地教课。

柴可夫斯基初到莫斯科的时候，举目无亲，经常被忧郁症、思乡病和沮丧消沉的情绪所困扰,也没有心绪对面临的新环境做出任何积极的反应。正是新院长尼古拉的耐心、谅解和宽容给了柴可夫斯基百般的安慰。虽然尼古拉仅比柴可夫斯基大一点,但他对这位新来的伙伴就跟父亲对待儿子一样亲密。

柴可夫斯基当时的生活自然是不宽裕的,父亲已经退休在家,家里还有一对双胞胎弟弟需要父亲抚养,父亲能提供给柴可夫斯基的生活费是很有限的。他初到莫斯科时过着最简朴的生活。

他的这间仅有一张床和一张写字桌的小屋与尼古拉·鲁宾斯坦的居室只隔一层薄薄的墙板,他常常在这间小屋里工作至深夜。

柴可夫斯基知道,跨入音乐殿堂的门槛以后他的全身心已经属于音乐了。强烈的创作欲望催促着他要不停地劳作,也只有不知疲倦地工作才能帮助他驱赶时常袭上心头的难以言状的孤寂感。毕竟这里的一切对他来说都是陌生的,他举目无亲,一切都要靠自己。凝结在他笔端的有离愁和忧郁,也有对崭新生活的向往和对成功的渴望。

在接下来的日子里,柴可夫斯基还和不少音乐圈里的人建立了友好的关系,其中有两人成了他一辈子的挚友。第一个是康斯坦丁·阿布莱奇特,他是音乐学院监管办公室的警察;另外一个是音乐学院的教授、拉罗什的挚友尼古拉·卡什金,后来成为十分著名的音乐评论家。

另外,柴可夫斯基还结识了他未来几乎所有作品的出版商波伊·尤根逊。尤根逊当时是一家大规模的乐谱出版社的老板,他精明能干,也十分地热爱音乐。在很长一段时间内,他一直是莫斯科音乐界的重要人物,为俄罗斯音乐佳作的收集、整理和出版做了很多工作,是一位对音乐界非常有贡献的人物。

虽然当时柴可夫斯基还未出名,但尤根逊已强烈地感觉到他的潜在的音乐天赋,决定出版他的作品,并提供一些必要的经济资助。

可以说，没有尤根逊的大力宣传和推广工作，柴可夫斯基日后不可能在俄罗斯及世界各地受到如此广泛的赞誉和尊敬。

当柴可夫斯基初到莫斯科时，著名的作家和音乐家、诗人普希金和作曲家格林卡的朋友弗拉基米尔·奥勃耶夫斯基也正在莫斯科安度晚年。

在一次音乐学院的集会上，柴可夫斯基到台上发言，他热情地谈到自己的老师安东·鲁宾斯坦为普及俄罗斯音乐教育所做的种种努力和其中的辛酸。柴可夫斯基热情和极富鼓动性的发言博得了与会者的一致好评，也给在场的奥勃耶夫斯基留下了很好的印象。

从此奥勃耶夫斯基就十分关注音乐学院这位年轻教授的活动。3年之后，当柴可夫斯基的第一部歌剧《总督大人》在莫斯科大剧院上演时，这位受人尊敬的老人在日记中写道："这部歌剧是为辉煌的前景所铺下的路基。"并热情夸赞《总督大人》中的音乐相当优美。

1866年秋，莫斯科音乐学院正式开学。在开学庆典的午宴上，柴可夫斯基发了言，并在音乐会上第一个演奏。

他站起身说："让我们不朽的格林卡的乐曲首先响彻大厅吧！"随即便坐到了钢琴前开始弹奏格林卡的歌剧《鲁斯兰与柳德米拉》序曲。他典雅的风度、微颤的话音和充满激情的演奏给在场的所有师生都留下了非常深刻的印象。

年轻教授的日子很不轻松。柴可夫斯基每周要上26小时的课。初上讲台，他很害羞，被几十双眼睛盯着，他感到有点不知所措。但是他所讲的音乐理论、和声规则使他很快就镇静下来了。

柴可夫斯基的讲解明了易懂，加上他对学生异常的温和和耐心，没多长时间，学生们就喜欢上了他。他对有音乐天赋的学生更是精心培养，给予他们个别的指导和帮助，就像圣彼得堡音乐学院的院长安东·鲁宾斯坦对自己的栽培一样。

在柴可夫斯基培养的学生中，有的后来成为著名的音乐家，如钢琴家阿·依·吉洛齐、大提琴家阿·阿·布拉杜柯夫，而斯·伊·塔涅耶夫是柴可夫斯基最喜爱的学生，他后来成为优秀的作曲家、理论家和教授，并且是柴可夫斯基一生的挚友。

不仅如此，柴可夫斯基还积极参与音乐学院的业务建设，对弘扬俄罗斯丰富的音乐传统尽心尽力，对祖国的音乐教育建设充满热情。柴可夫斯基从初到音乐学院起就以极大的热情参加各种委员会，提出自己的建议和看法，参与编写和声课提纲，认真制订教学计划，让学习音乐的学生及时了解欧洲其他国家的音乐研究成果。

此时，柴可夫斯基还翻译了比利时音乐学家、作曲家格瓦尔特的《配器法教程》，他在该书1866年版序言中明确写道：

> 一些俄国青年正在我国目前仅有的两所音乐学院内对艺术进行全面的研究，这个译本就是供他们使用的。没有认真钻研的态度就不会有俄罗斯音乐的发展，我们这两所优秀学府中的学生们迟早应该使祖国的艺术摆脱这种病态，他们将在格瓦尔特的书里见到一些正确并且是有用的观点，熟悉整个乐队的能力以及每件乐器的特性。

1869年和1870年，柴可夫斯基又相继翻译了两本德文的音乐著作，即罗伯特·舒曼的《青年音乐家生活守则》和约翰·洛贝的《音乐手册》，另外他还编写了俄国第一本和声学教科书《实用和声教程》，这本教材于1872年出版，后来被译为德文和英文。

然而柴可夫斯基的真正意愿和兴趣所在并不是教学工作。他最渴望的仍然是作曲。由于大部分时间他要给学生上课，只好用晚上的时间搞音乐创作。

柴可夫斯基从来到莫斯科的最初几天就成为莫斯科艺术家小组的常客。这个小组是由尼古拉·鲁宾斯坦和剧作家亚历山大·尼古拉耶维奇·奥斯特洛夫斯基和奥勃耶夫斯基共同组创的。莫斯科的作家、莫斯科小剧院的艺术家们都把艺术家小组当作活动中心。

艺术家小组举行的聚会内容精彩丰富、生动活泼。文学家们在小组里朗读了自己的最新创作，出席者对这些作品展开激烈讨论。他们弹琴唱歌，谈话玩牌，开化装舞会。这个上层社会的社交场所吸引着柴可夫斯基，他的出现也引起了那里的人们的注意。

柴可夫斯基彬彬有礼的举止、温和的性格很讨大家的喜欢。他常在艺术家小组里弹琴唱歌，由于他悦耳的歌喉，大家给他起了个"黄莺"的绰号。小"黄莺"也会穿上化装晚会的服装和朋友们尽情歌舞，玩多米诺骨牌。有时大家一起去参加群众游园会，在库兹涅佐夫桥桥头漫步。

亚历山德罗夫斯克花园洋溢着艺术家们的欢笑和激情。在莫斯科流传着丰富的民歌。柴可夫斯基的听觉好得惊人，他可以准确记下这些街头传唱的民歌。

有一次，在莫斯科郊外的瓦罗布耶维山上野餐时，柴可夫斯基记下了农民传唱的歌曲《我可爱的小辫子》，后来他把这个歌曲的旋律用在他的歌剧《市长》中。那一时期他还记录过许多民歌。淳厚质朴的俄罗斯民间音乐深深印入柴可夫斯基的脑海。

这一时期柴可夫斯基的注意力也投向了音乐评论界。他开始在报纸杂志上发表有独特观点的评论文章。他在自己的评论文章中指出格林卡创作的伟大意义，号召音乐家们继承格林卡开创的发展俄罗斯民族音乐的伟大事业。

柴可夫斯基对那些阻碍俄国艺术发展的东西给予无情的批判。当意大利歌剧在贵族的簇拥下占据着俄国舞台，而俄国人自己的歌剧被挤得毫无立足之地时,他大声疾呼:"作为一个俄国音乐工作者,当我在听着帕蒂夫人的颤音时,我能够片刻忘记我们祖国的艺术界在莫斯科是处在多么屈辱的境地吗?既没有演出场所又没有演出时间。"

柴可夫斯基还热情支持和鼓励新出现的年轻作曲家。1866年年初,在莫斯科俄罗斯音乐协会所举办的一次音乐会上演奏了圣彼得堡青年作曲家里姆斯基·科萨柯夫的《塞尔维亚幻想曲》。人们不了解这位年轻的作曲家,对他的曲子反应冷漠,音乐界对他的作品的批评也过于苛刻。

几天以后,在莫斯科《现代纪事报》上,柴可夫斯基发表了为里姆斯基·科萨柯夫辩护的文章,他写道:

> 我们难以设想,这几句糟糕而不怀好意的话语真是莫斯科舆论界对青年天才音乐家的作品所说的唯一话语,而一切热爱我们艺术的人对这位音乐家是寄予如此厚望的……里姆斯基·科萨柯夫还是一位青年,他有着宽广的前途。
>
> 毫无疑问,这位出色的天才人物定将使我们艺术界大大增光。

柴可夫斯基渐渐地习惯了莫斯科的生活。他和尼古拉·卡什金、康斯坦丁·阿布莱奇特、佛·格·拉乌勃等音乐学院的同行们都已很熟,1867年来莫斯科音乐学院任教的老同学拉罗什已成为他的密友,后来他经常为柴可夫斯基的作品发表观点鲜明的评论文章。

柴可夫斯基的刻苦勤奋使院长尼古拉·鲁宾斯坦感到惊讶,他更加相信自己没有看错,把才华横溢的柴可夫斯基安排在他创建的音乐学院绝对是明智之举。

完成第一部交响乐

在莫斯科音乐学院工作两年之后,柴可夫斯基开始创作他的第一部交响曲《冬日的幻想》。在柴可夫斯基一生创作的6部交响曲中,《冬日的幻想》被称作《第一交响曲》。

柴可夫斯基非常喜欢俄罗斯的自然风光,特别对俄罗斯的冬季印象深刻。在他的记忆中,俄罗斯冬季的景色是极其迷人的。白雪皑皑的平原和森林,延伸到遥远的地平线。视野中的一切都是那样素洁、神圣。

一阵朔风吹过,刮起银白色的雪雾,使人产生进入仙境的幻觉。白色的原野上,一个小黑点在远方快速移动,那是一辆雪橇在奔驰,它从哪里来?要向哪里去?这是一个谜,引起人们无尽的幻想……

寂静的冬夜里,柴可夫斯基开始创作《冬日的幻想》。乐曲共分4个乐章。

第一乐章《冬日旅途的梦想》。在这一乐章,柴可夫斯基展示了他对俄罗斯冬日的回忆与梦幻。这是对美丽景物的描绘,也显现了他对俄罗斯冬季风光的诚挚热爱。伟大的俄罗斯,生长在这块辽阔土地上勤劳、善良的人民,永远是柴可夫斯基心中的最爱,也是他音乐作品永恒的主题。

　　第二乐章《忧郁的远方，朦胧的远方》。这一乐章里，柴可夫斯基展示了他的内心世界。漫步在寒冷的冬季原野中，他有时会产生一种难以言语的孤寂感，一种淡淡的忧愁也会忽然升起。这种感觉可能产生自对动荡现实的不安，也可能产生自对贫苦群众的同情，还可能产生自他对自己顽强奋斗的感受。

　　第三乐章和第四乐章都没有标题。第三乐章的旋律由忧郁转为轻盈和浪漫，使人感到在冬季旅途中回想到家庭的温暖与众乐。第四乐章运用了一首当时流行的城市歌曲《花儿开了》的旋律，表明作者的视角从原野进入了城市，展示了莫斯科市内的冬景，特别是展现了莫斯科冬季节日的欢庆场面。

　　在整个乐曲中，贯穿着俄罗斯民歌和民间舞曲的旋律，表现了鲜明的俄罗斯民族特色。

　　由于白天要教课，柴可夫斯基的作曲时间大部分是在夜间进行，而创作总是使他情绪激动，因而在放下笔后躺在床上也不能入睡，时间长了就患上了神经衰弱，经常头痛、头晕。

　　为了摆脱疲劳和头痛，柴可夫斯基经常到街上散步。冬夜里的莫斯科寒冷而又寂静，空气格外清新。白雪在月光的映射下闪着银光。皮鞋踏在积雪上面，发出"嘎吱嘎吱"的声音，在静夜中显得格外清晰。在这夜景中散步，头脑很快就放松了，而又能引起很多幻想，促使美妙音符的产生。

　　柴可夫斯基就是在这种艰苦的情况下坚持写完了《冬日的幻想》。乐曲完成后他的神经才完全放松下来，美美地睡了一觉。

　　在《冬日的幻想》这首乐曲的扉页，柴可夫斯基用端正的笔迹写下这样一行字：献给尊敬的尼古拉·鲁宾斯坦。这位对柴可夫斯基给予兄长般关怀的先生，在《冬日的幻想》创作期间，给了柴可夫斯基不少的鼓励和帮助。

"来，喝杯咖啡。"当柴可夫斯基创作疲劳的时候，尼古拉·鲁宾斯坦就会走进他的房间，送杯咖啡给他提神。

"来，把这药服下去。"当柴可夫斯基头痛躺在床上时，尼古拉·鲁宾斯坦又把药和开水送到他的床前。尼古拉还就创作中的一些问题，经常同柴可夫斯基进行研究和探讨。

尼古拉·鲁宾斯坦很高兴柴可夫斯基献给他这部乐曲，他亲自担任指挥，演出的成功完全超过了预期的效果。但是在尼古拉的严格要求下，作曲家对作品还是进行了两度修改，最后修订本于1883年在莫斯科演出，产生了极大的轰动效应。听众们特别喜欢慢板的第二乐章。他们在演出结束后长时间起立，热烈鼓掌。

《冬日的幻想》是柴可夫斯基写的第一部交响乐。它渗透了俄罗斯歌曲、舞曲音调，但他并不满足于仅仅改编民间歌曲，他的交响曲必须是来自心灵的表白。其中要表现一切悲伤与欢乐、困惑与探索；要表现对永恒美、崇高气质、柔情、光明与善良理想的追求。

要表现他所经历的和感受到的一切：有所丧失时的悲哀，创作成功时的欢乐，认识到大自然神秘之美时的惊讶与幸福，深入民间生活后了解到人们平日的困苦、节日的纵情欢乐以及善于借狂热的舞蹈、诙谐的歌曲来消除忧愁。

柴可夫斯基的交响乐风格在第一交响曲中就已经带有表现明确的俄国民族属性。这种俄罗斯交响乐的风格的根源产生自民间歌曲创作；在民间歌曲创作中，抒情、缓慢、悠长的歌调和高潮、欢歌快舞时刻的热情迸发形成典型的对比，这也正是俄国著名音乐家格林卡在《卡玛琳斯卡雅舞曲》中出色运用的手法。

就像两种对立因素之间的这种比照和相互渗透一样，柴可夫斯基将内在的精神世界和普遍的两者因素相互比照。艺术家怀着自己的理想和重大愿望，他一方面面临着严酷的现实；另一方面又和祖国大自然、自己的人民交流，这种精神世界成了他的创作中最爱使用的主题。

《冬日的幻想》是一部真正的俄罗斯交响乐，人们从它的每一小节中都可以感觉到，只有俄罗斯人才能写出它来，柴可夫斯基将纯粹俄罗斯的内容注进了外来的形式。它使俄罗斯人民加深了对祖国冬日的印象，后来这部交响曲成为俄罗斯乐队的保留曲目。

与"强力集团"的交往

1857年前后,在圣彼得堡音乐界出现了一个在俄国近代音乐史上颇有影响的音乐创作集团,这就是"强力集团",又称"巴拉基列夫小组"或"新俄罗斯乐派"。

该集团的成员有巴拉基列夫、里姆斯基·科萨柯夫、穆索尔斯基、鲍罗廷和居伊。"强力集团"的目标是努力开拓俄罗斯民族音乐的发展道路,反对对西欧古典音乐的盲目崇拜。他们的创作题材多取材于俄罗斯的历史、传说和人民生活,并大量吸收民歌,是一个富有革新精神的民族乐派。

这场新乐派运动最开始是由达尔高梅斯基开创的,受到音乐家格林卡的激励,著名艺术评论家斯塔索夫是其主要的拥护者。1867年和1868年寒假,柴可夫斯基结识了斯塔索夫。

柴可夫斯基和斯塔索夫对俄罗斯音乐的发展道路抱有不同的看法,对某些作曲家和表演家的创造有些异议,但他们始终互相尊重对方。斯塔索夫经常关心柴可夫斯基的创作,多次向他提供歌剧和交响乐作品的素材,其中最具代表性的是果戈理的《塔拉斯·布尔巴》和莎士比亚的《风暴》。

1868年1月,"强力集团"首领巴拉基列夫来到莫斯科,与柴可夫斯基相会,这次相会是两位音乐家长期友好关系和创作关系的开端。但是,柴可夫斯基虽然对巴拉基列夫颇有好感,但无论如何也不能同意巴拉基列夫较为偏颇的音乐见解,不能同意巴拉基列夫以尖刻的论调评论音乐教育,评论那些受过音乐学院教育的现代作曲家的作品。

1868年4月,柴可夫斯基去圣彼得堡时,巴拉基列夫向他介绍了"强力集团"的其他成员。

柴可夫斯基认为这些圣彼得堡作曲家们颇有才华,但不能同意他们"自视清高,十分肤浅地认为自己比周围世界优越",不能同意他们轻视专业音乐教育基础,轻视学校和古典音乐。

1861年,斯塔索夫在报纸上发表文章,反对在俄国实行专业音乐教育,即在俄国开办第一所俄罗斯音乐学院,巴拉基列夫小组成员喜欢与众不同,他们否认学校的教学过程。他们认为应该自然地、不经意地进行学习,在音乐晚会上聚会。他们在晚会上演奏、欣赏和讨论不同作曲家的作品,这样的晚会成了相互充实、认识的课堂。

"强力集团"成员不同意柴可夫斯基认为俄罗斯音乐协会活动有成效的说法,不重视这一机构在审美教育、培养音乐趣味、传播民族音乐等方面所起的重要作用。同样,他们认为受过音乐学院专业教育的柴可夫斯基不会是他们的"自己人",他们把柴可夫斯基看成是"音乐学院的小孩儿"而已。

1862年,几乎与圣彼得堡音乐学院成立同时,巴拉基列夫和著名指挥格·雅·罗马金共同建立了音乐免费学校,目的是向群众普及音乐知识,培养他们的歌唱、演奏等方面的技巧。到该校学习的大部分是大学生、工人、商人及各阶层的妇女。学校建立以后,曾多次举办大型的音乐会,演奏俄罗斯作曲家的作品,也演奏欧洲大音乐家的名曲。免费音乐学校当时有很大的社会影响。

1868年应巴拉基列夫的请求，柴可夫斯基把歌剧《市长》中的舞曲总谱寄给他看，征求他的意见。同年春季，当柴可夫斯基去圣彼得堡时，在巴拉基列夫家举行的一次晚会上表演了他的《冬日的幻想》交响曲的第一乐章，他们很认可柴可夫斯基的作品。

1866年巴拉基列夫出版了自己记录的俄罗斯民歌选集。这是一次重大的创举，以往从未有过一本从农民那里直接记录的歌曲集。巴拉基列夫把来自农民的歌曲进行加工改编，吸取了俄罗斯民间音乐的精华，在很大程度上丰富了当时的俄罗斯音乐创作。

柴可夫斯基在19世纪60年代也收集过不少俄罗斯民歌，并在民歌基础上编写了钢琴曲。巴拉基列夫所编歌集中的许多歌曲吸引了柴可夫斯基。两位作曲家开始频繁地联系，他们在一起谈论音乐，出去游玩，后来在音乐创作方面也有很好的合作。

1869年，"强力集团"的首领巴拉基列夫得罪了不懂音乐却占据着圣彼得堡音乐协会主席职位的叶卡捷琳娜·巴夫洛夫娜公爵夫人，所以被免去了音乐协会的指挥职务。

柴可夫斯基本人十分气愤，他又像过去维护里姆斯基·科萨柯夫那样，站起来为巴拉基列夫打抱不平。

他在《莫斯科公报》上发表了一篇文章，为巴拉基列夫仗义执言，柴可夫斯基历数了这位音乐家对俄国音乐的贡献，肯定了他的功绩，并且认为他是"一位出色的艺术家"，是"俄罗斯音乐协会的一位不可替补的有用成员"。

柴可夫斯基在文章中写道：

这位艺术家从那些向他发出逐客令的圈子里所得的赞许越少，公众对他的同情就越大，而公众这股力量的意见是人们值得注意的，因为在和那些敌视人们喜爱的艺术家的种种努力进行斗争时，公众始终会是胜利者。

除了巴拉基列夫之外，柴可夫斯基与"强力集团"的里姆斯基·科萨柯夫之间也建立了很好的关系。科萨柯夫接触了柴可夫斯基以后，认识到了专业音乐教育的重要性，开始努力研究音乐史和作曲理论，在这方面得到了柴可夫斯基的热情帮助。

柴可夫斯基也曾写文章维护青年作曲家里姆斯基·科萨柯夫，这一举动也促使"强力集团"与柴可夫斯基的关系稍微近了一些，"强力集团"也成为柴可夫斯基音乐的热烈拥护者。

柴可夫斯基与"强力集团"的另一个年轻作曲家格拉祖诺夫也一直保持着密切的联系。

1882年10月8日，柴可夫斯基曾写信给巴拉基列夫说："我对格拉祖诺夫的作品很感兴趣，能否找到这个年轻人，请他将自己的作品寄给我看看？"

柴可夫斯基和格拉祖诺夫初次见面是在1884年。此后，格拉祖诺夫总是把自己的每部新作品都及时寄给柴可夫斯基，向他征求意见，并把自己的第三交响曲题献给柴可夫斯基。

柴可夫斯基对格拉祖诺夫的第三交响曲非常喜欢和称赞，曾多次让格拉祖诺夫弹奏其中的乐段。之后，他在莫斯科音乐界热情宣传格拉祖诺夫的作品，为年轻作曲家取得的每一个新成就而高兴。柴可夫斯基也常常把自己的作品寄给格拉祖诺夫，他们互相交流。

虽然他们的艺术观点不同，但格拉祖诺夫对柴可夫斯基十分地仰慕，非常喜爱他的音乐。格拉祖诺夫认为柴可夫斯基作为一位抒情作曲家把歌剧因素带进了交响乐，这是值得称道的创举。他们之间的友谊关系越来越亲密，直至柴可夫斯基死前的一星期，格拉祖诺夫还和他有共同的活动。柴可夫斯基生前对格拉祖诺夫作品的指导性意见，格拉祖诺夫一直铭记在心。

柴可夫斯基在莫斯科参加艺术家小组活动时还结识了伟大剧作家奥斯特洛夫斯基，与大剧作家的会晤和交谈使柴可夫斯基很高兴。他们的谈话涉及许多问题，彼此觉得很投机。

柴可夫斯基一向十分关心文学创作，特别喜爱奥斯特洛夫斯基的作品。奥斯特洛夫斯基也是俄罗斯民歌的行家，柴可夫斯基从他那里得到不少民间歌调。他们的相识促成了创作方面的合作。柴可夫斯基的第一部歌剧《市长》就是根据奥斯特洛夫斯基的剧作《伏尔加河之梦》改编的。

1868年夏天，柴可夫斯基创作的歌剧《市长》曲谱完成了，并于1869年2月首次公开演出，演出受到听众的热烈欢迎，谢幕不下10次，然而报刊评论却是褒贬不一。拉罗什的文章批评这部歌剧"缺乏俄罗斯的气质"，而尼古拉·鲁宾斯坦看了歌剧之后，预言柴可夫斯基会有广阔的前途。

然而对自己作品的真正判官却是柴可夫斯基自己，一向对自己严格要求的柴可夫斯基毁掉了曲谱的大部分，只剩下序曲和一首合唱，后来他把这些音乐用于其他作品中。

柴可夫斯基继续在歌剧创作方面探索。这一次他选定了洛柯夫斯基根据德国浪漫主义作家拉·富凯的作品改编的诗为脚本。

柴可夫斯基从1869年年初开始写自己的第二部歌剧《妖女》，当年夏季在妹妹亚历山德拉的家卡缅卡完成后，交给玛利亚剧院。但剧院管理委员会不认可这部歌剧，因此这部歌剧一直没有在舞台上演出过。

柴可夫斯基在以后的作品中运用了《妖女》中的音乐，如把其中的《婚礼进行曲》写进了他的《第二交响曲》的第二乐章，把一首爱情二重唱写进舞剧《天鹅湖》，把《妖女》的序曲和咏叹调用作后来为奥斯特洛夫斯基的话剧《雪娘》的一部分配乐。

《妖女》的失败并没有使柴可夫斯基感到沮丧，1870年年初，他又以拉日契尼科夫的悲剧《禁卫军》为题材写歌剧。这一悲剧的内容是关于青年禁卫军安德烈·莫罗卓夫的悲惨命运，他因忠于爱情，维护未婚妻娜塔莉雅的荣誉而与伊瓦雷蒂进行了一场实力悬殊的斗争。

1872年2月和3月间，柴可夫斯基完成了歌剧《禁卫军》，10月底《禁卫军》获得剧场管理委员会的批准，于1873年4月24日在圣彼得堡首演。

评论界对此歌剧的看法不一致。"强力集团"的评论家居伊认为这部歌剧没有明显的出色之处。而拉罗什完全不同意居伊的观点，他认为《禁卫军》有丰富而美妙的曲调，华美的配器，歌剧自始至终充溢着感人至深的激情，以至于它不仅在柴可夫斯基自己的作品中，而且在所有俄罗斯戏剧音乐中都享有重要地位。

柴可夫斯基对别人的批评意见一向是十分重视的，对居伊的评论他不能无动于衷，他决定以后对歌剧进行修改。然而这部歌剧一直在舞台上演出，不仅在圣彼得堡，而且也在俄国其他城市，演出效果超过了同时代的所有歌剧。

《禁卫军》在圣彼得堡初次上演后不久，柴可夫斯基就着手创作他的下一部歌剧。当时俄罗斯音乐协会管理处宣布要举办优秀歌剧创作竞赛。歌剧指定取材于果戈理的中篇小说《圣诞节前夜》，诗人波隆斯基已根据果戈理的原作改编成题为《铁匠瓦库拉》的歌剧脚本。

柴可夫斯基对果戈理的作品十分熟悉和喜欢。他对果戈理作品的许多篇章都能大段背诵。他也决定参加这次竞赛。这是他第一次用喜剧抒情体裁创作真正的民间歌剧。歌剧中充满了以乌克兰民间音乐为基础的歌曲和舞曲。

柴可夫斯基作曲时突出了果戈理题材的抒情方面，着重描写了年轻的铁匠瓦库拉和他心爱的骄傲姑娘奥克珊娜的内心活动。他的这部歌剧被圣彼得堡音乐协会授予特等奖，并在玛利亚剧院演出。

10年以后，柴可夫斯基对《铁匠瓦库拉》作了全面修改，加写了若干喜剧性和抒情性曲段，对几个宣叙调也作了改动，增加了歌唱性，突出声乐部分，修改后的歌剧重新改名为《女靴》。

1868年9月，柴可夫斯基开始创作交响幻想曲《命运》，10月底完成了初稿。1869年3月，尼古拉·鲁宾斯坦在莫斯科俄罗斯音乐协会的音乐会上指挥演奏了《命运》。柴可夫斯基把这个作品作为对巴拉基列夫的献礼送给了他。

巴拉基列夫在圣彼得堡俄罗斯音乐协会举办的一次音乐会上指挥演奏了这部作品，但是巴拉基列夫并不是很喜欢它。

他在给柴可夫斯基的回信中写道："您的《命运》已演奏过……不过观众没有太多的鼓掌和喝彩，我想这是由于结尾时响起了可怕的嘈杂声。"

接着，巴拉基列夫还对柴可夫斯基提出了许多建议，阐述了自己的一些观点，最后表示：

我如此推心置腹地给您写信，相信您不会改变把《命运》献给我的意图。因为这是您对我尊重的表现，我非常感谢您的好意。

柴可夫斯基回信说：

我承认，对于您的批评，我是不愉快的，可是我一点也没有生气。对于您的真诚坦率，我表示敬意。这是您爱好音乐的个性中最令人感到愉快的一个特点。当然我不会撤回我的献礼，可是我希望将来能为您写一些更好的东西。

柴可夫斯基不久就实现了自己对巴拉基列夫的诺言，把另一部新作献给了他。

一段无疾而终的初恋

柴可夫斯基一直忙于音乐教学与创作，自己又不善于交际，所以一直没有谈恋爱。转眼间他已经近30岁了，他的弟弟、妹妹都已经结婚了，家人为他的婚事很是着急。但也就在这时，柴可夫斯基经历了自己的第一次爱情。

1868年秋季，一个意大利歌剧团到莫斯科演出罗西尼的歌剧《奥赛罗》，受到观众的热烈欢迎，报刊也纷纷发表文章，介绍和称赞这一演出。然而，人们最关注的是歌剧的女主角女高音歌唱家黛西莉·阿尔托，她的歌唱和表演都十分迷人。

黛西莉·阿尔托已经年近30岁，长得并不十分的标致，但天生就有一张热情而富于表情的脸蛋，而且正处在其艺术生涯的巅峰时期。她的父亲阿托特是著名的圆号演奏家，叔叔则是非常有名的小提琴家。

阿尔托的声音坚实有力，适宜表现悲怆性的戏剧。可以不过分地说，在整个声乐领域中，无论是哪种形式，这位令人赞叹的艺术家都能完美地表现出来。

热爱音乐的柴可夫斯基也去观看歌剧《奥塞罗》。大幕徐徐拉开，阿尔托走上舞台。她身材修长，装饰得也很好看，观众席上立刻响起了热烈的掌声。当阿尔托开口歌唱时，观众的反应更加强烈。

柴可夫斯基目不转睛地看着舞台，他也被阿尔托的演唱吸引住了。她的嗓音浑厚圆润，演唱时蕴含着丰富的感情，紧紧牵动着听众的心。柴可夫斯基双眼紧紧地盯在舞台上，盯着阿尔托的一举一动，他完全被阿尔托的出色表演迷住了。柴可夫斯基看过不少歌剧，但他认为阿尔托是最出色的女歌唱演员。

演出结束了，全场起立，为阿尔托长时间热烈鼓掌。柴可夫斯基也热烈鼓掌，手掌都拍红了。

回到住处，柴可夫斯基便给弟弟莫代斯特写信，写他观看这场演出的感受，其中特别称赞了阿尔托：

你知道阿尔托是怎样一位歌唱家和演员吗？我还从来没有像现在这样被一位演员如此强烈地吸引过。

你没能听到、看到她的演出，真是太遗憾了。如果你能亲临现场，一定会赞美她迷人的歌喉和优美的身姿的。

这时柴可夫斯基过去的老师，圣彼得堡音乐学院院长安东·鲁宾斯坦也赶到莫斯科观看阿尔托的演出，并在一次音乐界联欢晚会上，把柴可夫斯基介绍给阿尔托。

"这位是柴可夫斯基先生，一位年轻的作曲家。"安东·鲁宾斯坦向阿尔托介绍。

"您好！"柴可夫斯基向阿尔托微鞠一躬，脸也稍微有些涨红了。

"他可是您的崇拜者呀！"安东·鲁宾斯坦指着脸红的柴可夫斯基笑着对阿尔托说。

"哦，是吗？"阿尔托微笑地望着害羞的柴可夫斯基。柴可夫斯基脸更红了,不知道说什么好。

虽然生性腼腆的柴可夫斯基不善应酬,没有说多少话,但阿尔托却对他印象很好,联欢会结束后她邀请柴可夫斯基去自己的住处做客。

接下来,柴可夫斯基去拜访了阿尔托一次,但之后他就不好意思再去了。而阿尔托却很热情,接连邀请他再去做客。经过多次的交往,两人产生了亲密的感情。

很快,柴可夫斯基就陷入热恋中,他暂停了一部正在创作中的音乐作品,以最快的速度写出钢琴浪漫曲《F小调浪漫曲》,献给阿尔托,并亲自演奏给她听。

阿尔托用心倾听着,她从乐曲中感受到了柴可夫斯基火热的心和浪漫的情调,她感动得热泪盈眶。跨国恋情发展很快,没多久,两人就准备几个月后结婚。

可是,好事多磨,他们的结婚计划遇到了阻力。柴可夫斯基在给父亲的信中谈到这种阻力,并且征求父亲的意见:

> 我是去年认识阿尔托的,我对她印象非常的好……如果没有任何障碍,夏天就要举行婚礼了。
>
> 但问题是还是出现了阻力,首先是她母亲反对这件婚事……
>
> 其次,我的朋友们……他们说,我当上一位著名女歌唱家的丈夫以后,会变成一个非常可怜的角色,也就是说,我要随着阿尔托走遍欧洲的每个角落,靠她养活,不再有工作的机会。
>
> 一句话,一旦我对她的爱情稍稍冷淡下来,剩下的只会是苦恼、失望和毁灭……

目前她已去华沙演唱了，我们说好夏天我去她巴黎附近的庄园，我们的命运应该在那里决定。

正像阿尔托不能下决心抛弃舞台生涯一样，我自己也拿不定主意为她而牺牲我的个人前途……

亲爱的爸爸，我将期待着您的意见和看法！

也许是久未生活在一起，也许是思想过于开明，柴可夫斯基的父亲答复得非常含糊。既没表示十分同意，也没表示反对。终身大事还是要由当事者本人自己作决定。

万般无奈的柴可夫斯基于是同阿尔托商量今后的生活道路。"阿尔托，你以后可以留在莫斯科，同我一起过安定的生活吗？"柴可夫斯基试探地问阿尔托。

阿尔托想了一会儿说："这恐怕不行。我是个歌唱演员，我要在舞台演出，要到世界各地去演出。如果离开舞台，离开巡回演出，我的歌唱生涯也就终止了。可歌唱给我带来了荣誉，带来了欢乐，也带来了很高的收入，我怎么好把它停下呢！我才30岁出头，我今后的道路还很长啊！"

"可我如果同你过四处旅行的生活，也很难静下心来创作乐曲了，我的创作生涯才刚刚开始啊！作曲对我来说，同你的歌唱一样重要。"柴可夫斯基担心地说道。

"这确实是个矛盾，有什么好办法解决呢？"阿尔托望着着急的柴可夫斯基。

有什么好办法呢？柴可夫斯基自己也想不出好办法来。

两个人都想发展自己的事业，只是彼此相互吸引，不愿放弃爱情，于是处在矛盾状态之中。

这时候的柴可夫斯基住在尼古拉·鲁宾斯坦家中，尼古拉对他的爱情情况了如指掌。他决定帮助柴可夫斯基摆脱矛盾的困境。他认为柴可夫斯基必将成为俄罗斯杰出音乐家，俄罗斯不能缺少他。于是尼古拉去拜访阿尔托，告诉她自己的想法，并极力劝她离开俄国，以便为俄国保留这个伟大的作曲家。

阿尔托内心虽然很矛盾，很痛苦，但她经过认真考虑后，还是听从了尼古拉的意见，决定离开俄国去波兰演出。为了避免分别的痛苦，她只对柴可夫斯基说要去波兰演出，没有说她将断绝与柴可夫斯基的爱情关系。

阿尔托去波兰后不久，很快与一位西班牙男中音歌唱家巴狄鲁结了婚。柴可夫斯基听到这个消息后一言不发，脸色惨白，内心很痛苦，有好几天他吃不下饭，睡不好觉。他怎么也弄不清楚这究竟是怎么回事，或许这次婚事告吹的原因正在于阿尔托的自我牺牲精神、真正深刻的爱情以及意识到不能相互谦让就不能和柴可夫斯基幸福地生活，而这种互让对他的创作以及他的整个生活都是不利的。

柴可夫斯基将这件事告知亲人说："我和阿尔托的来往以一种可笑的方式结束了。她在波兰爱上男中音巴狄鲁，巴狄鲁在这里曾经是她嘲笑的对象，而现在却嫁给他了！只有充分了解我们之间关系的人，才能明白这种结局是何等的可笑。"

柴可夫斯基这段疯狂的初恋就这样以阿尔托的"背信弃义"而告终，而他的心的确被深深地伤害了。但是他仍然默默地怀念着阿尔托，他既不能自我隐瞒，也不能向亲人隐瞒这种感情。

时隔一年，阿尔托再次来到莫斯科演出，柴可夫斯基怀着"迫不及待的心情"去观看她的演出。

当阿尔托光彩夺目地出现在舞台上的时候，"像病患者那样"等待着阿尔托到来的柴可夫斯基十分激动，他举起望远镜，盯着那熟悉而亲切的身影，任眼泪尽情地流淌……他再次确认，阿尔托是

"世界上最出色的艺术家之一"。

在此后多年里，柴可夫斯基依然十分崇拜阿尔托这样一位辉煌的艺术家、天才的歌唱家、动人的女性。

1887年，柴可夫斯基已经声名显赫，出国旅行途经柏林。挪威的一位作曲家告诉他，阿尔托正住在这里。听到这个消息，柴可夫斯基那久已平息的心又一次激动起来，虽然岁月无情，可是生命中纯洁的感情始终深深地烙印在心上。于是，在朋友的陪同下，柴可夫斯基拜访了已经53岁的阿尔托。

经过人生的沧桑和世事的变迁，这对曾经爱过，或许也恨过的艺术家又重逢了。手与手相握，四目相对，依然是那样熟悉，柴可夫斯基仿佛回到了从前。他们兴奋地交谈着，谈分别后的生活和艺术事业，谈人生的体验，但对过去的恩怨绝口不提，小心翼翼地躲避着心灵深处的那块伤痕。但是，这次会面使柴可夫斯基"感到莫大的快乐"，他感到阿尔托还像20年前那样迷人。

回到旅馆已是夜深人静，柴可夫斯基的心却无法平静，他激动地在日记中说那晚与阿尔托相见，将是他停留在柏林时最快乐的回忆。任何人都无法和这位歌星的为人与艺术相匹敌。

阿尔托请求柴可夫斯基为她写一首浪漫曲，柴可夫斯基却慷慨地一口气为她写了6首，他在给阿尔托的信中说：

> 我尽力满足您的要求，希望这6首您全部能唱，也就是说，6首歌曲都适合您现在的嗓音音域。我十分盼望这些曲子能合您的意，但遗憾的是我现在毫无把握；我是为自己心目中的一位最杰出的女歌唱家而写曲，内心感到有些着急。

阿尔托回信对柴可夫斯基的盛情表示了由衷的感激。从此以后，柴可夫斯基与阿尔托书信往来就十分的频繁了，但两人却从没有再见过面，留在各自心中的只有当初那段最美好的回忆。

柴可夫斯基的一生中，阿尔托是他唯一的真正的爱人。他以一种特别的心情来爱她，这种感情在他以后的生活中再也没有出现过。所以，柴可夫斯基称阿尔托是他"唯一的安慰"。

创作《如歌的行板》

自从 1860 年妹妹亚历山德拉出嫁后,搬到了乌克兰的卡缅卡,柴可夫斯基经常去那里度过夏天。

卡缅卡是俄罗斯有名的地方,半个世纪前,杰出诗人普希金曾在这里居住,并写下《高加索的囚徒》等著名的诗篇。这里也是俄罗斯革命党"十二月党人"经常聚会的地方。他们在这里讨论国家大事,探讨祖国的前途和命运。

卡缅卡森林茂密,风光秀丽,空气清新而又非常宁静,非常适合艺术家进行创作。由于环境优美,这里的居民很喜欢唱歌,他们能唱出很多动听的民歌。几年前柴可夫斯基来这里度假,就根据一位妇女唱的民歌旋律,创作了一部《降 B 调弦乐四重奏》。

现在,柴可夫斯基又在芳草地上散步,寻找新的创作灵感。一段时间以来,他酝酿创作《第一弦乐四重奏》,但一直没有找到理想的旋律,为此他心中有些着急烦躁。

这天,柴可夫斯基又坐在窗前的桌旁苦思冥想,他总觉得有一阵阵冲动撞击着他,可就是捕捉不住。那旋律一次又一次从他心中流出,却又一次一次地消失,沉寂的气氛使他有点儿焦虑,于是他就用他漂亮的男中音信口哼起了他以前的作品，哼着哼着，他隐约听到窗外也有人在唱歌，那是一段怎样的旋律啊，悠扬而哀伤。

柴可夫斯基情不自禁地停下来，窗外的歌声渐渐清晰："瓦尼亚将要坐上沙发，酒瓶酒杯手里拿……"他越听越激动，猛地打开窗子，拿起五线谱，两眼凝望着窗外的唱歌人，眼中放出异样的光彩。

窗外是泥瓦匠瓦夏正在粉刷墙壁，他本不敢发出太大的声响以免惊动室内的柴可夫斯基，可是，当他听到室内的人也在哼歌时，便忍不住放开喉咙发泄一下，可唱着唱着，他无意中抬起头来，看到柴可夫斯基正对他凝视，以为柴可夫斯基要怪罪他了，于是吓得丢下工具撒腿就跑。

柴可夫斯基这时正等待着瓦夏的再次重复以便核对记录，但却不料他拔腿就跑了，心中好不懊恼。然而那首动人的曲调打动了他，一直萦绕在他的脑海。夜深了，柴可夫斯基总是不能入睡，像小时候一样，音乐又在他的头脑里搅得他无法入眠。

第二天一清早，瓦夏又来粉刷墙壁了。柴可夫斯基激动地迎上前去，小心谨慎的瓦夏以为柴可夫斯基来兴师问罪了，既然无法逃脱，他只得上前道歉说："对不起，柴可夫斯基先生，昨天我打搅您了。"

柴可夫斯基笑了，他和蔼地说："哪儿的话，你能再唱一遍昨天的歌吗？那歌实在太好听了。"说完，他就掏出五线谱来，热切地看着瓦夏。瓦夏见柴可夫斯基如此和颜悦色，提着的心也就放了下来，便毫无顾虑地唱了起来……

柴可夫斯基迅速记下谱来。这首带着诙谐性词句的歌曲以其音调的优美和新奇令柴可夫斯基喜爱，这种音乐是那样地切合慢乐章主题。动人的旋律给了他创作的灵感，他很快就完成了酝酿已久的《第一弦乐四重奏》，这首民歌被用作其中第二乐章《如歌的行板》的主题。

《如歌的行板》是柴可夫斯基一首杰出的作品，它充分体现了柴可夫斯基创作的一大特点。他用来自群众的歌声来创作，这部作品深刻地表现着俄罗斯人民的性格，反映着真正人民的精神，反映了沙俄时代喘息在专制政体之下的人民的悲惨生活。

1871年3月，《第一弦乐四重奏》初次演奏即获成功，后来又在其他剧院先后演出，柴可夫斯基亲眼看到这部作品取得了巨大成就。听众特别喜爱第二乐章，这个乐章后来经常在音乐会上单独演出，不仅用四重奏方式，而且还改编成大提琴与弦乐队协奏曲或管弦乐曲，作曲家经常在个人作品音乐会上亲自指挥这部作品演出。

对柴可夫斯基来说，《如歌的行板》带给他的喜悦不仅在于历次演出的成功，还在于这首乐曲被他所崇拜的托尔斯泰所喜爱和赞扬。

之后的几年，莫斯科音乐学院为欢迎列夫·托尔斯泰的来访举办了音乐会，音乐会上演奏了《第一弦乐四重奏》中的第二乐章《如歌的行板》。托尔斯泰听了以后被感动得流下热泪，伟大作家写信给柴可夫斯基说：

> 在莫斯科的最后一天，将永远留在我的记忆中。我的文学创作从来没有像那天晚上似的，得到那么多的报酬……我喜爱你的天才。

柴可夫斯基在回信中说：

> 像您这么伟大的艺术家的一双耳朵，要比一双普通的耳朵更能给予音乐家以鼓励。至于我，知道了我的音乐竟能感动您，迷住您，我是多么高兴而骄傲呀！

这部四重奏很快就在基辅、柏林、波士顿、巴黎、罗马等欧洲许多地方上演，特别是它的第二乐章还被改编为各种器乐独奏曲演出。这首曲子几乎成为柴可夫斯基的代名词。柴可夫斯基本人也常常在交响音乐会上指挥演奏《如歌的行板》。

随后几年内又接连有柴可夫斯基的第二、第三弦乐四重奏问世，然而最著名的仍然是他的《第一弦乐四重奏》。柴可夫斯基终于完成了对自己提出的任务：使俄罗斯室内器乐曲成为广大群众的财富。室内器乐曲正是从此走向了繁荣。

谱写《第一钢琴协奏曲》

柴可夫斯基作曲非常注重从俄国民歌中汲取营养,他还很注重创新。他在创作《大雷雨》序曲时就在曲调、配器等方面进行了创新,引起了老师——圣彼得堡音乐学院院长安东·鲁宾斯坦的不满。

1874年柴可夫斯基又谱写了《第一钢琴协奏曲》,并在创作中大胆创新,没想到又引起安东·鲁宾斯坦的弟弟,莫斯科音乐学院院长尼古拉·鲁宾斯坦的不满。

柴可夫斯基创作《第一钢琴协奏曲》的灵感来源于乌克兰民歌。在卡缅卡度假时,一天,柴可夫斯基散步走到乡间的集市。他正观看一个老妇人出卖的民间工艺品,忽然听到远处传来悠扬的歌声。他立刻向着歌声传来的地方走去。

在一座木房子的屋檐下,柴可夫斯基看到几个盲人乞丐在弹着五弦琴歌唱。他们唱的是乌克兰民歌,曲调明朗、欢快。这些盲人乞丐虽然看不见,但他们的歌声则是发自肺腑的,唱得非常真挚、动情。

柴可夫斯基想,这就是民歌的魅力,它们朴实、自然,来源于生活,来源于人民的心中,所以最能感染人,也容易流传。他掏出纸笔，一边倾听，一边仔细记下曲谱。

回到莫斯科以后，柴可夫斯基开始琢磨创作《第一钢琴协奏曲》。在卡缅卡听到的盲人乞丐唱的民歌不知不觉在他耳边响起。于是，柴可夫斯基就用这乌克兰民歌的曲词为基础，并大胆地在曲调和配器等方面进行了创新，创作出《第一钢琴协奏曲》。

乐曲完成后，他觉得很有特色，于是决定把这首满意的乐曲献给最尊敬、最爱戴的院长尼古拉·鲁宾斯坦，在乐谱的扉页上工整地写下了这行字。想到良师益友尼古拉，柴可夫斯基内心就充满感激之情。来到莫斯科之后，他不但在生活上给自己很大的帮助，在事业上给自己的帮助更大。

柴可夫斯基兴冲冲地拿着乐谱去弹给尼古拉·鲁宾斯坦听。

柴可夫斯基弹完了第一乐章，尼古拉一句话也不说，没有任何评语。沉默了片刻之后，在柴可夫斯基的请求下，很勉强地说："既然作品本身跟我的艺术趣味完全格格不入，我怎么能谈论那些细节呢？"

柴可夫斯基忍耐着，继续把协奏曲一直弹完，尼古拉仍是沉默不语。柴可夫斯基站起身又问："怎么样？"

尼古拉显得很不情愿地开了口。起初还能用平缓的语气说话，后来就越说越激动，态度傲慢，说话口气近乎责骂。

他认为，柴可夫斯基的这部钢琴协奏曲完全没有价值，绝对无法演奏。

他这样说："我觉得，除了两三页还可以外，其余的应该通通扔掉……"总之，他完全否定了这首曲子。

柴可夫斯基感到很受侮辱，气得说不出话，自己跑出房间。他想，友善的批评他是需要的，而且非常需要，而尼古拉这种粗暴的言语谴责实在很伤害他。

这时，尼古拉也跟了出来，仍是重复着刚才的意见，说柴可夫斯基的钢琴协奏曲不可能演奏，还指出了许多需要修改的地方。最后他说，如果能照他的要求修改，他将在自己的音乐会上演奏这支曲子。

柴可夫斯基却说："我一个音符也不改，我要原封不动地照现在这个样子把它拿去出版。"

柴可夫斯基真的这样做了。他把原来给尼古拉·鲁宾斯坦的题献换上了汉斯·封·布洛夫。柴可夫斯基曾听过这位德国著名钢琴家的演奏，他相信布洛夫会喜欢他的新作的。

布洛夫对这部钢琴协奏曲的评价果然很高。他早就是柴可夫斯基在欧洲的支持者，得到柴可夫斯基题献的作品也使他非常高兴。

1875年10月布洛夫到美国演出，他向美国听众演奏了柴可夫斯基《第一钢琴协奏曲》，正如他预想的那样，受到听众的欢迎。每场演出结束时，听众都鼓起热烈的掌声，并要求布洛夫把最后一个乐章再次演奏一遍。

布洛夫把演出的盛况及时写信报告给柴可夫斯基，柴可夫斯基也非常高兴。他感到自己的坚持是正确的，作为一名艺术家，应该勇于坚持自己的创作个性，坚持独立的思考。

《第一钢琴协奏曲》的主题仍然是对祖国大自然的热爱和与人民结合的渴望。这首钢琴协奏曲是作曲家前期的所有大型作品中最明朗、欢快的一部，体现了那一时期他的乐观、自信的精神状态。

1875年冬季《第一钢琴协奏曲》在圣彼得堡和莫斯科首次上演。这部作品很快在俄国及国外流行，成为世界音乐艺术的瑰宝之一。

《第一钢琴协奏曲》的创作过程中所发生的柴可夫斯基与尼古拉·鲁宾斯坦的矛盾其实也绝非偶然。柴可夫斯基对自己的引路人和领导尼古拉·鲁宾斯坦一向十分敬重和感激，但在音乐创作观点上，他们之间的差异又使他们彼此隔离。

尼古拉·鲁宾斯坦恪守古典陈规，偏于保守，柴可夫斯基接受过系统的音乐专业教育，他既继承古典又着力创新。尼古拉·鲁宾斯坦不能接受柴可夫斯基有所发展的东西，又加上他本人性格上的高傲、自恃和某种程度的跋扈，使柴可夫斯基在内心深处有时并不真正喜欢他。

然而，尼古拉·鲁宾斯坦在柴可夫斯基的生活中毕竟是很有影响力的人物。和尼古拉·鲁宾斯坦之间的友谊产生裂痕使柴可夫斯基的心情变得很坏。这段时间他的作品还有《忧郁小夜曲》和几首浪漫曲，这些作品反映了他当时忧郁、沉重的心情。

但没过多长时间，事实就证明他的这种担心是多余的。经过一段时间以后，尼古拉·鲁宾斯坦也接受了这部作品，并亲自指挥乐团演奏了这首乐曲。尼古拉的确具备了一流音乐大师的素质，他有着勇于纠正自己错误的勇气，有着宽广、坦荡的胸怀。柴可夫斯基更加尊敬这位亲密的朋友和师长了。

凄美的《天鹅湖》

1875年春天，莫斯科大剧院的艺术指导别吉切夫写出芭蕾舞剧《天鹅湖》的剧本，找谁来为这个剧本谱曲呢？他想到了这时已在音乐界崭露头角的柴可夫斯基。

"柴可夫斯基先生，我最近写了一个芭蕾舞剧剧本《天鹅湖》，想请您来谱曲，不知您是否愿意？"别吉切夫用期盼的目光望着柴可夫斯基。

"您的剧本是根据德国那个童话改编的吗？"

"是的，看来您已经读过这个童话了。"

"不但读过，我还非常喜欢这个童话。这是一部充满浪漫情趣，令人深深感动的童话。"

"您这么喜欢这个童话，能答应为这个《天鹅湖》剧本谱曲吗？"别吉切夫趁机追问道。

"好的，我同意为这部芭蕾舞剧《天鹅湖》谱曲。"

芭蕾舞剧《天鹅湖》取材于德国作家莫采乌斯的童话：

住在悬崖上的恶魔巴尔特施魔法，把美丽的公主奥杰塔变成了一只白天鹅，白天鹅只有到晚上才能恢复人形。

勇敢、善良的王子齐格弗莱德到天鹅湖边打猎，发现了奥杰塔的秘密。他非常同情奥杰塔，对这个美丽、纯真的姑娘产生了真挚的爱情。恶魔巴尔特知道了王子与奥杰塔的爱情，又气又急，发誓要破坏王子与奥杰塔的爱情。

巴尔特派女儿奥季丽雅假扮成奥杰塔的模样，欺骗了王子。当王子发现恶魔的阴谋后，与恶魔父女英勇搏斗，将他们击败。奥杰塔也因此恢复了本来面貌。两个有情人经过磨难终于结成伴侣。

这个凄美的童话故事歌颂了光明战胜黑暗、正义战胜邪恶的信念。这个故事深深地感染着柴可夫斯基，激发着他丰富的想象力和创造力，他全身心地投入到《天鹅湖》舞曲的创作中。

当年秋天，柴可夫斯基和弟弟莫代斯特到《天鹅湖》童话的故乡——德国旅行。他们沿着美丽的莱茵河旅游到德国首都柏林。沿途的美景、古迹使柴可夫斯基受到熏陶，体会到了《天鹅湖》中应有的古典、梦幻的意境。

创作的冲动和灵感不时地激荡着柴可夫斯基的心。他似乎看到美丽的白天鹅在清澈的莱茵河上游泳。天色暗下来后，白天鹅又变成苗条的姑娘，在河畔轻歌曼舞。英俊的王子出现了，他深情地望着姑娘。一个恶魔从河边的古堡中溜出来，扑向纯洁的姑娘，王子立刻挺起胸膛冲向恶魔……

在幻觉中一些美妙的旋律也如天鹅般飞翔在柴可夫斯基心中。

虽然创作的激情时时在柴可夫斯基心中涌动，但他并不急于动笔，他对于舞剧音乐还没有太大的把握。为了写好这部舞剧的乐曲，他精心地钻研了当时足以代表舞剧音乐成就的那些总谱，尤其是"芭蕾音乐之父"德里勃的创作。它是那样神奇地吸引着柴可夫斯基。

与此同时，为了使舞剧的乐曲要和舞蹈动作紧密、协调地配合，柴可夫斯基还到剧场去观看芭蕾舞剧演出，认真观察舞蹈演员的动作，研究舞蹈的配合和节奏。

托尔斯泰曾说："正确的道路是这样的，那就是吸取你的前辈所做的一切，然后再往前走。"柴可夫斯基正是这样做的，他就是在总结前人创作经验的基础上来发挥自己的独创性的。

经过精心的准备，柴可夫斯基开始动笔创作《天鹅湖》舞曲。他在创作舞剧音乐时采取了与前人不同的创作方法。过去一直把舞剧中的音乐写成舞蹈的伴奏，舞剧音乐本身没有独立意义。以音乐为主的完整的舞剧过去是从来没有的。

柴可夫斯基认为，舞剧音乐也是交响乐，他强调舞剧音乐自身的发展，创造独立的舞剧音乐。

柴可夫斯基为舞剧《天鹅湖》创作的音乐是一部由4个各自独立的乐章组成的交响乐。舞蹈动作则以舞剧音乐的发展为基础。

第一幕，神话中的齐格弗莱德王子和村农们一起聚会、玩耍。母后驾到，宣布要在第二天的舞会上选定一个新娘。随后，青年男女们继续跳舞。

第二幕，恶魔巴尔特用魔法把公主奥杰塔和她的女伴变成了天鹅，并昼夜不停地监视着她们，只有忠贞不渝的爱情才能解除魔法。一群白色的天鹅在浮游，最后一只头上戴着金冠，她就是年轻美丽的奥杰塔。她向王子讲述这些，王子深感同情，并爱上了她，天鹅们翩翩起舞，王子与公主跳起了互诉钟情的双人舞。

第三幕，王宫盛大的舞会上，应邀前来的各国客人们跳起了民族舞蹈：匈牙利舞、西班牙舞、意大利舞和玛祖卡舞。恶魔带着乔扮成白天鹅的黑天鹅奥季丽雅也来了。王子宣布已经选中了未婚妻。这时，他看到映在窗户上的奥杰塔悲痛欲绝的身影，这才明白中了奸计，他发疯似的奔出大厅。

第四幕，奥杰塔回到天鹅湖畔，痛不欲生。暴风雨来临，王子冒着风雨冲到湖畔，准备为爱情牺牲自己。恶魔仍想分开这对情人，但没有成功。最后，正义和爱情战胜了魔法和黑暗，天鹅们恢复了人形，王子和公主幸福地生活在一起。

柴可夫斯基在《天鹅湖》音乐中揭示了深刻的人类感情以及复杂多样、矛盾重重的内心意念。他从管弦乐引子的最初音响开始就进入了抒情剧的氛围之中。舞剧的主要音乐主题是天鹅之歌：美好、温柔动人的旋律由双簧管在小提琴簌簌的颤音和竖琴抑扬有致的乐声背景前奏出。

其中的一切：忐忑不安、激情、伤愁和抒情诗意都一一保持在整个作品的过程之中，虽然主题在剧情发展过程中有所转换，变更了自己的情绪色彩，带有多样化的意境和强烈的戏剧性。听来时而凄美，时而悲壮，时而激越，时而又像一首爱情的赞歌那样明朗欢快。

舞剧的主题构成了贯穿动作的基础：其中有开场奥杰塔与王子相遇、姑娘倾诉她中魔法变为天鹅的痛苦遭遇，可以称为"胜利的爱情之歌"，有高潮王子破坏了忠诚的誓言，有转折王子请求奥杰塔原谅他无意中犯下的错误，最后是结局好的收场。

中心段落在戏剧结构上和对比段落紧密联系，这些对比段落构成了传统的舞剧形式：第一幕的古典舞组曲，第三幕的性格舞组曲，还有群舞和哑剧舞。

《天鹅湖》虽然是幻想题材，但它是一出真切反映深刻感受的戏。作品交出去后，柴可夫斯基开始了热切的期待。他渴望莫斯科大剧院能像管弦乐队对待他的交响乐一样尊重他的芭蕾总谱，他期待着作品首演成功的动人场面。

1877年，芭蕾舞剧《天鹅湖》在莫斯科大剧院首演。那融入深厚情感的抒情音乐立刻吸引住了观众。观众们还感受到了此剧中音乐的强大作用，这音乐甚至比舞蹈还吸引人，还有很多观众就是为了欣赏舞剧的音乐来到剧场的。

音乐评论家给了《天鹅湖》很高的评价：

《天鹅湖》的音乐使乐迷们享受到了极大的快乐。从音乐的头八小节开始，人们便可觉察出真正大师的手笔，几页乐谱过去后，我们就已经久违大师当时正处于情绪极佳的状态，而且他的天才正值炉火纯青之时。

另一篇评论这样评价：

《天鹅湖》的旋律一个比一个优美、动听、诱人。柴可夫斯基掌握了舞剧风格的特点，他适应这些特点，并表现了灵活的创新性。他的音乐是十足的舞剧音乐。

《天鹅湖》乐曲不但使舞剧获得成功，乐曲本身也具有极大的独立欣赏价值，在许多音乐会上《天鹅湖》乐曲都被独立地演奏，成为家喻户晓的经典名曲。许多家庭的孩子在进行音乐启蒙时，都以《天鹅湖》为首选作品。

柴可夫斯基通过杰出的音乐创作，提高了芭蕾舞剧的整体水平，舞剧音乐从此受到音乐家和听众的重视。人们说，没有《天鹅湖》，就没有芭蕾艺术。

直至今天，《天鹅湖》乐曲仍在世界各地久演不衰，任何一个音乐爱好者，都会非常喜爱这部乐曲，把它的唱片或磁带、歌碟珍藏在家中。

遇到生命中的贵人

1876年12月，柴可夫斯基接受了一项简单的委托，要他创作一首小提琴和钢琴的改编曲。

委托人是娜杰日达·菲拉列托芙娜·冯·梅克，她46岁，是一个著名铁路工程师的遗孀。她很富有，但性格古怪，巨大的财富使她能满足自己许多古怪的念头，并以此解除因丈夫去世带给她的孤独感。

柴可夫斯基很快就完成了梅克夫人委托的编曲任务，不久就收到了委托人梅克夫人的一封感谢信：

由于您迅速地写好了我委托您的曲子，请允许我向您表示由衷的谢忱。要告诉您，您的大作使我多么入迷是不恰当的，因为您已听惯了那些比我这样的小人物有资格得多的人的赞扬和钦佩，而我在音乐方面的知识十分欠缺。要是真的告诉您，那只会惹您笑话，而对于我是那样的珍贵，致使我不能忍受它被嘲笑。所以我将以此为满足。

请求您绝对相信,您的曲子使我的生活过得更舒适更愉快。

第二天,柴可夫斯基马上回信给梅克夫人:

最衷心地感谢您,为了您在信中充满好意地写给我的友爱和过奖的话。至于我,我可以向您保证,一个在失败和障碍之中的音乐家,得知还有一些包括您在内的真正的、热情的音乐爱好者,真是一种极大的安慰。

就这样,两个人的书信来往开始了,而且越来越频繁。

梅克夫人在信中表示,她对柴可夫斯基有"极大的热情",并且向他保证,这种热情是"幻想的、抽象的、崇高的、也是高尚的!你可以称我为傻瓜或疯子,但千万不要笑我。如果我的用意不是如此严肃和诚恳,这一切也许会是荒唐可笑的"。

娜杰日达·菲拉列托芙娜是交通道路工程师冯·梅克的遗孀。她1819年1月29日出生于一个中产阶级家庭。父亲的庄园坐落在莫斯科西南的叶里尼斯克县的一个小山村。父亲酷爱音乐,娜杰日达·菲拉列托芙娜在父亲的关注下受到良好的音乐教育。贵族出身的母亲精明干练,有很高的文化修养。

在母亲的影响下娜杰日达·菲拉列托芙娜形成了坚强的性格,不但有很强的自主性,而且善于支配别人。她17岁时出嫁,丈夫卡尔·乔治·奥托·冯·梅克出身于里加的一个德裔名门望族,他比梅克夫人大12岁。

冯·梅克是工程师,在政府部门供职,年薪稳定但只有1500卢布,婚后,他们过着比较贫困的生活。坚强的性格和聪明的头脑使梅克夫人具备了做生意的天赋，她感到不能顺从地忍受生活的贫苦，凭着她的直觉，夫妇俩人转到俄国去赚钱。

因为当时俄国为了使自己赶上西欧的发展脚步，正在实施一项庞大的修建道路计划。梅克夫人看到了这是转变命运的一次极好机会，她耐心说服了丈夫，使他放弃了原来的低薪工作，开始经营自己的事业。随着他们事业的旺盛，财源也滚滚而来。

冯·梅克57岁时死于心脏病。死后留下相当可观的遗产，留下两条铁路还有11个孩子，当时最大的24岁，最小的只有4岁。

丈夫死后，梅克夫人过着深居简出的生活，不与外人接触。尼古拉·鲁宾斯坦是梅克夫人家唯一的常客。她去剧院听音乐会时总是独自坐在包厢里，尽量避开别人的目光。

梅克夫人高高的个子，步履持重，举止端庄，深蓝色的眼睛总是若有所思地望着，有时在她的眼睛里闪着一种喜怒难辨的目光，不知是她当时情感的反映还是她想起了什么使她激动的遥远的往事。她话音低沉，音色清纯，说话稳重自信。

在梅克夫人的世界里，她是一个君主，她在孩子、家人和下属中间享有绝对的权威，大家对她尊重服从。但她并不永远严肃冷漠，她也有丰富的情感世界，具有浪漫气质，充满了母爱。她能够理解人们的弱点，如果人们做错了事，只要不是故意作恶，她都会原谅。

梅克夫人努力摆脱家庭琐事的烦扰，在音乐中去寻找安慰。她对音乐的爱好是真诚而又强烈的。她甚至从国外请来有才华的音乐家来自己家工作，为她编曲、伴奏。后来成为著名音乐家的年轻的德彪西就曾在梅克夫人府上做过音乐师。

梅克夫人给这些音乐师优厚的待遇，让他们有许多属于自己的空闲时间，使他们能按自己的计划从事音乐创作。当然音乐师们每天也要用几小时为她演奏她所挑选出的音乐作品，或是为她伴奏。

她自己也常常弹奏钢琴。冬季她一般在国外,如法国、瑞士、意大利等地度过,她也让音乐师陪她同去这些地方。

1876年冬,尼古拉·鲁宾斯坦应邀来到梅克夫人家中做客。晚上,探讨和演奏音乐是必不可少的科目。

"夫人,您知道柴可夫斯基吗?"尼古拉谈到他的年轻朋友。

"听说过,但知道的不多。"梅克夫人回答。

"柴可夫斯基虽然还很年轻,名气不是很大,但他却是一个颇具潜力的音乐人才,也许,他就是俄国音乐的未来!"

"是吗?"听到俄国最负盛名的音乐大师这么推崇柴可夫斯基,梅克夫人也很感兴趣,先生,能否请您介绍一下柴可夫斯基的音乐作品。"

"当然可以。我给您弹奏柴可夫斯基的钢琴曲《暴风雨》吧!"

"谢谢,我洗耳恭听。"

尼古拉坐在钢琴前弹奏起来。

梅克夫人坐在沙发上认真倾听着,很快她就被这首乐曲吸引住了。乐曲的旋律如暴风雨般在她的心里掀起波澜,她感受到前所未有的震撼。

尼古拉弹奏结束了,他回头看看梅克夫人,只见她呆坐在那里,似乎还沉浸在"暴风雨"的洗礼中。

"夫人,您对这首乐曲感觉如何?"

尼古拉呼唤了几声,梅克夫人才醒悟过来,她激动地说:"这首乐曲太有震撼力、感染力了。能作出这样乐曲的人一定是一位具有崇高、深刻、真诚心灵的杰出艺术家。"

"我刚才说过,柴可夫斯基是一位很有前途的青年音乐家。"

"很遗憾我没有见过这位柴可夫斯基先生,我真的很想认识他,您能否向我介绍一下他的情况?"

"当然可以。"尼古拉讲起柴可夫斯基的情况:他的出身,他所受的教育,他的音乐作品,他的兴趣爱好和性格……

梅克夫人津津有味地听着,她对柴可夫斯基的任何情况都十分感兴趣。

尼古拉感觉到了梅克夫人对柴可夫斯基的关注,于是不失时机地向她讲起了柴可夫斯基在生活上的困难情况:他收入不高,没有自己的住处,要为生存而兼课,这些阻碍了他的音乐创作。

梅克夫人听了这些情况后,沉吟片刻,然后说:"我愿意资助这位有前途的音乐家。房子、生活、创作的费用,我都可以帮他解决。"

尼古拉连忙说道:"柴可夫斯基是个很敏感,自尊心特别强,很有个性的人。如果您直接资助他,他可能不会接受的。"

于是,梅克夫人想到了通过写曲子来资助柴可夫斯基的办法。

没多长时间后,梅克夫人又来信邀请柴可夫斯基写曲子。柴可夫斯基很快又写出第二首乐曲,同样获得很高的报酬。

但柴可夫斯基很快就发现,梅克夫人不只是喜欢他创作的音乐,更是要通过这种形式资助他,正如尼古拉所说,敏感的他对此感到不愉快。他认为这样匆匆忙忙为梅克夫人写曲子,然后获得高额的酬劳,时间长了就会影响创作的质量,是对音乐的不忠。

但梅克夫人对音乐的热爱,对贫穷音乐人的热心关怀,还是很令人钦佩、感动的,不能伤了她的心。

这怎么办呢?经过思考,柴可夫斯基决定向梅克夫人讲明自己生活的处境,并且直截了当地向她借钱。

梅克夫人对柴可夫斯基的坦诚很赞赏。她又提出自己的想法,两个人今后仍经常通信,交流对音乐、对人生的思索,相互在心灵上得到慰藉。她不再向他购买乐曲,而是每年给他一笔充足的生活费,而且不用他还。因为她这样做不只是对他个人的支持,更是对俄国音乐乃至人类艺术的贡献。

柴可夫斯基同意梅克夫人的意见,并衷心感谢她的支持,从此年轻的音乐家摆脱了生活艰难的困扰,全身心地投入到音乐创作事业中。他的作品越来越多,水平也越来越高,终于登上世界乐坛的高峰。

当柴可夫斯基走向成功之路的时候,梅克夫人也实现了为人类神圣的音乐事业扶持人才、奉献力量的想法。她的名字,也将同柴可夫斯基的名字一样光荣地书写在人类艺术史上。

创作歌剧《叶甫根尼·奥涅金》

当柴可夫斯基还是个孩子的时候,他就对莫扎特的歌剧《唐·璜》有了深刻的印象。在法律学校学习期间,他常常出现在歌剧院,听得最多的还是莫扎特的《唐·璜》。

柴可夫斯基将他真正开始进入音乐界归功于莫扎特,尤其归功于《唐·璜》,可以毫不夸张地说,是美妙的歌剧引导这位音乐天才将音乐作为自己真正职业的,尤其是在他听了他非凡的同胞格林卡的歌剧《伊凡·苏萨宁》之后。

《伊凡·苏萨宁》是以俄国爱国英雄为题材的民族歌剧,其中渗透着俄罗斯民歌的音乐,使柴可夫斯基久久不能忘怀。或许,正是在这样一部动人的歌剧的激励下,柴可夫斯基才发誓一定要创作出一部同样动人的歌剧来与《伊凡·苏萨宁》相媲美。

俄罗斯歌剧当时达到它的繁荣时期。但在一切俄罗斯生活题材的歌剧里,主人公都是历史人物或农民。柴可夫斯基开始积极寻求另一类主题,他长期以来一直在考虑他的歌剧创作,可总是找不到合适的题材。他想写的不是沙皇、皇后、公爵、武士或战争、暴力,而是他所熟悉的、活生生的有血有肉的人物。

正当柴可夫斯基为自己的歌剧素材苦恼的时候，俄罗斯著名的女低音歌唱家拉夫罗夫斯卡雅向他推荐了普希金的《叶甫根尼·奥涅金》，这是一部著名的诗体小说。

叶甫根尼·奥涅金是19世纪初叶俄国贵族青年的典型人物，他饱食终日，无所事事，宴饮、舞会和美女几乎成了他生活的主要内容，而他潇洒的风度、考究的衣着、流利的法语和机智的谈吐受到社交界的普遍赞赏，也赢得太太、小姐们的青睐。

深秋，奥涅金随好友连斯基到大地主拉林家的庄园做客。连斯基正与拉林家的小女儿奥尔佳热恋，不久就要完婚。在连斯基的介绍下，他们结识了奥尔佳的姐姐塔姬雅娜。

塔姬雅娜从小落落寡合，与众不同，深受外国小说影响，厌恶周围的庸俗生活，渴望自由和幸福。奥涅金的出现搅乱了她的芳心，她断定奥涅金正是她追求的理想伴侣和人生依托。

经过几个不眠之夜以后，塔姬雅娜终于鼓起勇气，主动而大胆地写信给奥涅金，情真意切地表白了自己的爱慕之心。

奥涅金承认塔姬雅娜是位出众的少女，但他深知自己对她的恋情不会长久，更不愿用婚姻的锁链束缚自己的手脚，也不想欺骗和玩弄对方的感情，便拒绝了塔姬雅娜的一片情意。这使受到重大感情打击的塔姬雅娜痛苦不已，日益憔悴。

在塔姬雅娜的生日宴会上，奥涅金见到她愁容不展，便怪连斯基不该约他前来赴宴。他故意与奥尔佳调情，想以此捉弄连斯基。容易冲动的连斯基觉得受了污辱，要求与奥涅金决斗，结果死在了朋友的枪下。奥涅金悔恨无比，便出国旅游。异国他乡的风情并没有驱散他心头的苦闷和失望，他终于返回圣彼得堡。

数年以后，倦游归来的奥涅金在舞会上又见到了已嫁给格列敏公爵的塔姬雅娜，内心深处的爱情终于被唤醒。他不顾一切地向塔姬雅娜表白，而塔姬雅娜虽承认"我仍然爱你"，却又说："我已经结婚，已经属于别人了，我的命运已经注定，我要永远对他忠诚。"奥涅金绝望地狂奔而去。

这部富有诗意的小说，柴可夫斯基读得津津有味，并且很快就从中得到了灵感。他请朋友希洛夫斯基为新歌剧写脚本，并把自己的创作计划告诉了几个朋友。

但柴可夫斯基的计划并没有得到支持，朋友们都认为，普希金的《叶甫根尼·奥涅金》使人不可能写出一部带有动人情节的歌剧。这部作品里的一切都过于平凡，没有瑰丽的幻想，没有重大的事件，而只是简单、乏味的贵族生活。

而柴可夫斯基则不这么想，他认为大量的意大利歌剧题材令他厌烦，历史主题现在已经不再吸引他，他力图表现最普通的人的生活和感受，他认为《叶甫根尼·奥涅金》的题材最适合这一目的。

1877年，柴可夫斯基从莫斯科写信给梅克夫人说：

这部歌剧当然不会有很多的动作，但它的背景是耐人寻味的。其中的诗意是那么丰富！塔姬雅娜和奶娘的场面就是一个例子。只要能给我以作曲时所必须有的安静，我相信能从普希金的诗中获得很多灵感。

普希金"凭借他的才力，冲破狭小的诗的氛围进入音乐的辽阔的境界。他所写的不仅仅是诗句，而在字面上的意义之外，还有深入人心的东西，这东西就是音乐"。柴可夫斯基在庆幸自己选择对了歌剧题材的同时很快就进入了创作。

柴可夫斯基仔细地阅读了诗体小说《叶甫根尼·奥涅金》，按照自己的好恶进行设计。"塔姬雅娜的形象我是如此的熟悉，她对于我来说已成为活生生的环境中的一个活生生的人物。我爱塔姬雅娜，而对奥涅金异常愤慨，在我看来，他是一个冷酷的、没有心肝的纨绔子弟。"

接着柴可夫斯基对原诗体小说进行了一次大的修改，将人物的重心从奥涅金转移到塔姬雅娜身上。

然而，尽管柴可夫斯基对《叶甫根尼·奥涅金》"主题的诗意，人情味和淳朴性"以及那"天才的诗句"充满信心，但他对这部歌剧能否为一般观众所接受却没有把握，他在给梅克夫人的信中说：

你问我的歌剧，也就是我的工作，现在进行得很慢。虽则第一幕的第一场已经编好了乐队曲，现在我最初的热忱已经时过境迁了，我可以客观地来考虑这一作品，我觉得这是注定要失败的，得不到群众的反响的，它的内容是率直的，没有舞台效果，音乐缺乏光彩和滔滔雄辩的效果，但我相信少数人听这音乐时会接触到当我写作时激励着的感情。我不是说我的作品太好了，不能为大众所接受。

总之，我不了解怎样写，才能为雅俗所共赏。依我看来，一个人的创作应该顺从自己的好恶，不必去迎合这些人或那些人。我动笔写《奥涅金》并没有强令自己负担任何外来的条件，但看样子，它在舞台上是不会引起人们的兴趣的。

那些认为歌剧以动作为先的人们，对它是不会感到满足的，可是那些能从一部歌剧中寻求日常的音乐娱乐，和为人类所共有分离悲剧和戏剧效果很远的单纯的感情的人们，却会满足于我的歌剧。简言之，我是怀着真诚来写作的，我的一切希望就寄托在这种真诚之上。

带着这种真诚,柴可夫斯基完成了歌剧《叶甫根尼·奥涅金》的创作。作曲家称他的歌剧是"抒情场面",歌剧的女主人公是塔姬雅娜,柴可夫斯基说他从青年时代起就因普希金笔下的塔姬雅娜的诗意形象而深受感动。

歌剧的音乐主题与塔姬雅娜的形象有关,她的旋律在管弦乐的引子中就已经显露。这一主题近似俄罗斯浪漫曲,令听众心中出现了一位沉浸于幻想的少女的形象。写信一场中的塔姬雅娜完全是另一个样子。

柴可夫斯基表现出女主人公塔姬雅娜情绪的变化,歌剧中她对奶娘的自白"啊,奶娘,我痛苦,我悲伤"中流露出强烈感情,她的话语"让我死去吧"中则充满了激情,表明了塔姬雅娜坚强、热情的性格。

塔姬雅娜的性格在歌剧的最后两幕中得到彻底的揭示,这时的塔姬雅娜是一位上层社会的妇女,她表面上平静,但内心痛苦。在矜持而又充满内在痛苦的音乐声中塔姬雅娜出现在舞会上,旋律表现了格列敏公爵夫人真正的内心意境。

塔姬雅娜在最后一场中力图克制内心的冲突。她爱奥涅金,但因他的行为而深受委屈。当奥涅金带着爱意来到塔姬雅娜身旁,但为时已晚,现在她已经出嫁,必须忠于自己的责任。作曲家用多变的旋律追踪着出色的剧词,而剧词是如此动人地体现了一颗破碎了的心的自白。柴可夫斯基笔下的塔姬雅娜和普希金作品中的女主人公可以互相媲美。

连斯基占据歌剧中的第二位,柴可夫斯基对他满怀同情,他不惜用音乐的色彩刻画这位不幸诗人的动人形象。在第一场中我们看到的是一位善良天真的青年,在舞会一场中我们看到的是一位热情的、举止略带轻率但却纯洁温良的青年。

他始终忠于他青年时代的理想，而使他不安的是生活粉碎了他的梦想，他的咏叹调《在您家中》充满了悲切的失望情绪和对往事的惋惜。

柴可夫斯基减弱了普希金对连斯基的嘲讽态度，他给连斯基加上深情和诚挚的特征。他笔下的连斯基像塔姬雅娜一样具有纯洁、崇高的理想。

柴可夫斯基笔下的奥涅金也不同于普希金笔下的奥涅金，作曲家只是从歌剧主角对塔姬雅娜的关系这一角度对奥涅金感兴趣。柴可夫斯基不触及奥涅金的机智、玩世不恭，对生活的兴趣和要求，直至歌剧和最后几场以前。

奥涅金依然是"都城的一位寂寞的社交家"，性格冷漠无情。他聪明，善于得人好感，但他也是一个毫无生气的人，他在他冷静的议论"我的信守原则的长辈"中是如此，在他丝毫不了解塔姬雅娜的感情而进行说教一场戏中也是如此，他在拉林家的舞会上，甚至在决斗一场中也是如此。

只是在最后几场戏里，奥涅金胸怀对塔姬雅娜的迟迟萌发的爱情，他在这一影响下意识到自己的错误。

歌剧中的奥尔佳与普希金笔下的形象没有区别，她和塔姬雅娜截然相反，是个文静、天真、随和的人。在音乐中，她的咏叹调《我不习惯于忧伤》刻画了自己的性格特征。

柴可夫斯基在生活和大自然的背景前表现出他的作品中人物的生活。第一场中的农民合唱，写信一场中塔姬雅娜和奶娘的对话和田园曲调，拉林家的宾客，在园中采野果的姑娘们的合唱，圣彼得堡舞会上的宾客，这些都是当时俄国贵族习见的生活环境。歌剧中的大自然场景十分美妙，作曲家运用音乐表现了写信一场中的夏季黎明景象和决斗一场中阴冷的冬晨。

作曲家在歌剧《叶甫根尼·奥涅金》中真切地叙述了人们的情感。1877年12月，《叶甫根尼·奥涅金》第一幕在尼古拉·鲁宾斯坦家用钢琴弹奏时，得到了大家的一致喝彩，这对于柴可夫斯基无疑是一个鼓舞。

柴可夫斯基希望能尽快见到歌剧上演，但他本人认为这部作品和那老一套的歌剧大有区别，它不能在既豪华而又带着陈规旧套的皇家剧院上演。所以，柴可夫斯基主张利用莫斯科音乐学院歌剧班的学生的力量演出这部歌剧，由"小剧院"著名演员萨玛琳担任导演，由尼古拉·鲁宾斯坦担任指挥。

1879年3月29日，《叶甫根尼·奥涅金》终于由莫斯科音乐学院学生在"小剧院"首次演出。

这一天，柴可夫斯基专程从国外赶回莫斯科，他对舞台装置和表演都感到满意。学生们都十分入戏，演得十分成功，柴可夫斯基过去的同事们都向他祝贺，更使他激动并引以为自豪的是，一向不大肯称赞人的尼古拉·鲁宾斯坦对柴可夫斯基说他喜爱这部歌剧，而塔涅耶夫则激动得说不出话来，只是孩子般地哭泣。

俄国著名作家屠格涅夫也出席观看了这次演出，他早在1872年便曾对这位年轻作曲家作出高度评价，预言他前途远大。他认为《叶甫根尼·奥涅金》的音乐迷人、火热、有青春气息、异常美好而富有诗意。

他在给关心《叶甫根尼·奥涅金》演出情况的列夫·托尔斯泰写信时，形容剧中音乐"显然是卓越的"，并且指出"抒情性、旋律性乐段特别好"。

1881年1月11日，《叶甫根尼·奥涅金》再度上演于莫斯科大剧院，这次演出令柴可夫斯基十分愉快："听众最初很冷静，但喝彩声逐渐增加,后来一切进行得很好。歌剧的演出是令人满意的。"

尤其是在两年过后,亚历山大三世表示《叶甫根尼·奥涅金》是他喜爱的歌剧后,观众们对它的热情更是有增无减。

不管从哪方面说,歌剧《叶甫根尼·奥涅金》都是成功之作,朋友拉罗什因之而盛赞"柴可夫斯基是一位无比哀伤的音乐的诗人",沙波林还将其中塔姬雅娜写信的场面称为"至今还是世界艺术中理解和传达人类内心体验的登峰造极之作"。

柴可夫斯基本人也十分喜爱这部歌剧,1889年,他在给梅克夫人的信中写道:"《叶甫根尼·奥涅金》和我的一些器乐作品是我的宠儿,它们亲切地藏在我的心底。"

《叶甫根尼·奥涅金》给柴可夫斯基带来了盛名,它不仅使作曲家本人欣喜,也使整个音乐界为之叫好。

后来1889年1月11日,著名的《自新大陆交响曲》的作者德沃夏克致信柴可夫斯基说:

> 亲爱的朋发!当你最近在布拉格的时候,我曾答应你写信告诉你关于歌剧《叶甫根尼·奥涅金》的意见。我现在正在动笔写,不仅是因为你要求我写,也是因为我欣赏了你的作品以后所感触到的一切,非说不可之故。
> 我愿承认,你的歌剧给予我深刻的印象,正是我期待着得自一件真正艺术作品的印象一样。我可以毫不犹豫地告诉你说,在你的作品中,再没有比《叶甫根尼·奥涅金》更使我满意的了。

《叶甫根尼·奥涅金》的成功当然应该归功于柴可夫斯基,但更应归功于俄罗斯,没有俄罗斯音乐的哺育就没有成功的柴可夫斯基,这一点柴可夫斯基是念念不忘的。

1888年年初,柴可夫斯基亲自到布拉格去指挥《叶甫根尼·奥涅金》的演出。他在接受观众的欢呼、演员的致意时,深深地感到,这种特殊的热情,不只是献给他的,而是献给俄罗斯的,所以他在日记中写道:

> 当然这是我一生中最美好的日子之一,我已深深地爱上了这些善良的捷克人。这是为什么!上帝啊,多么喜悦,根本不是因为我,是因为亲爱的俄罗斯!

遭遇不幸的婚姻

在莫斯科生活的 10 年，对柴可夫斯基来说，工作是最大的快乐和安慰。他把自己的全部心力放在音乐创作上。几年前他已从尼古拉·鲁宾斯坦的家里搬了出来，住到自己租的一个只有两室的小公寓。

柴可夫斯基愿意独处，不喜欢和别人交往，也很不容易交朋友，用他自己的话说是"有一种怕羞的感觉，而且不大信任人，这种感觉似乎一天天在增长"。他的身体并没有什么毛病，只是他无法不让自己时常"陷入一种伤感的气氛"。然而他自己也深深感到，"没有密友是很糟的"。

至于结婚，柴可夫斯基不是没有想过，但是出于他的本性他并不渴望结婚。

1876 年 9 月他在给弟弟阿纳托利的信中谈到关于这个问题时曾说：

> 我曾告诉过你，我要将我的生活做一个重大改变，其实我根本没有作过这样的决定！我只是想想而已，虽然这

也是正正经经地想。其实我在等待一种外力强迫我采取这样的行动。

　　这里我必须承认，我那小小的公寓，我的寂寞的黄昏，我的生活的安逸和平静，对于我有一种特殊的魅力。当我一想到要结婚就必须放弃这一切，我就感到不寒而栗！

　　柴可夫斯基这种对自己和对未来的困惑一直在继续。也许，凡是命中注定的，真的都将不可逃脱。没过多久，命运果然给了他一次尝试婚姻的机会，但是这场婚姻的苦涩却给他造成了终生的灾难。

　　1877年5月的一天，柴可夫斯基收到了他的一个女学生安东尼娜·米科留娃的一封求爱信。安东尼娜28岁，长得还算漂亮，心地善良，受教育程度不高，家境不富裕，靠自己生活。她还有一个母亲。女学生在信中表达了对柴可夫斯基的尊敬和爱慕。

　　柴可夫斯基每当接到类似的信件往往是不予复信的。而安东尼娜的信写得极其恳切、真挚，使他不得不作出答复。尽管柴可夫斯基在回信中非常礼貌地拒绝了安东尼娜的求爱，然而他们之间的通信却从此开始了。

　　不久柴可夫斯基应邀去拜访了安东尼娜。见面时，柴可夫斯基向安东尼娜表示了给她回信中同样的态度。柴可夫斯基说对于她的爱恋只能报以同情和感激，除此之外不会有其他。然而，事后柴可夫斯基又反复考虑，觉得这样对待一个爱着他的姑娘恐怕不妥。

　　柴可夫斯基虽然不爱她，但无意伤害她。他创作的歌剧《叶甫根尼·奥涅金》，普希金笔下的那个奥涅金对善良的塔姬雅娜的冷漠是柴可夫斯基所不赞成的。他联想到自己所面临的处境，他不愿意在现实生活中做奥涅金式的人物。

　　柴可夫斯基认真想来，觉得自己给姑娘回信和对她的应邀访问实际上对安东尼娜原来就燃烧起来了的爱情之火起了助燃作用。这是他始料未及的。看见姑娘在为爱而痛苦，他很不忍心。柴可夫斯基知道，如果突然摆脱她，更会使她痛苦难忍。

而安东尼娜向柴可夫斯基表示爱情的灼人的信一封接着一封："不要叫我失望啊，你不答应我，那你只能浪费时间罢了。没有你，我不能活，为了这个，我也许快要结束我自己的生命了。""我请求你，再到我这儿来一次。如果你知道我多么痛苦，那一定会大发慈悲，满足了我的愿望的。"

安东尼娜以生命作为抵押的爱的恳求，使柴可夫斯基没了退路。牺牲这个少女，让她毁灭，来拯救自己的自由，柴可夫斯基不忍心这样做。他不得不做出让步了。于是他跑到安东尼娜那儿去，坦率地告诉她说，他真的并不爱她，只能成为她的一个忠实朋友。

柴可夫斯基特意向安东尼娜详细介绍了自己的毛病：性情孤僻，不善交际，情绪易变有时甚至很反常。还有他的经济境况也不宽裕。柴可夫斯基向她交代过自己这些弱点之后再次问她，他是这样的一个人，她还愿意嫁给他吗？答案仍然是肯定的："愿意。"

安东尼娜说："没有一种过失可以使我不爱你。这不是一时的爱情。这是长时期积累起来的情感。我现在简直不能够，也不会摧毁这种感情的。"

柴可夫斯基对安东尼娜说："我这一生从来没有爱过任何一个女子。我觉得自己已经不是那种能燃起爱的激情的人了。我对谁都不会再发生爱情，而您是第一个让我非常喜欢的女人。如果一种平静的、兄长式的爱能使您满足的话，我愿意向您求婚。"

安东尼娜对一切都同意，哪怕是兄长式的爱她也觉得求之不得。她只愿能守在柴可夫斯基的身边，只愿意能关心他，和他生活在一起。柴可夫斯基以为，他俩已达成协定，一切问题都已得到解决。

其实，安东尼娜是不会满足于"兄长式的爱"的，她相信在今后共同生活的日子里，她有能力做到让柴可夫斯基成为她所希望的那种好丈夫。

柴可夫斯基准备结婚的事一直没有告诉家人，直到7月5日阿纳托利突然收到一封令人吃惊的信：

> 我快要结婚了，5月底我已订了婚，准备7月初结婚，本打算婚后再告诉大家，但一些情况使我改变了我的初衷。第一，知道我见到你时，不容易想出一整套的谎话，来解释我的婚姻；第二，结婚得不到父亲的祝福，那是一种错误。附信请交父亲。请别替我担心。

在给弟弟和父亲的两封短笺中，柴可夫斯基可能出于让家人放心的心情，只是简单地报告了大致的情况，并没有暴露自己当时的复杂心态。在给父亲的便笺中，他违心地写道：

> 亲爱的父亲，你知道一个像我这样年纪的人，是不会胡乱地去结婚的，因此请你放心好了。我深信我未来的妻子将会大大地增加我的安乐和幸福。

父亲接到这条消息，万分喜悦，他在给儿子的祝福信上说：

> 阿纳托利把你的信转交给我，那是你请求我替你作结婚祝福的信。这使我很快乐，我画了个十字，高兴得跳了起来。赞美主，主的祝福将降于你！你的83岁的老父和全家人都给你同样的祝福。

我亲爱的安东尼娜，从现在起，让我称呼你为我所爱的，天赐的媳妇，我吩咐你去爱你的新郎，因为他值得你去爱。把你们结婚的良辰吉日告诉我。我要亲自来祝福你们。

1877年7月18日，37岁的柴可夫斯基和安东尼娜·米留科娃在马雷亚·尼克茨极大街的圣·乔治教堂里正式举行了婚礼。柴可夫斯基家里人只有阿纳托利来莫斯科参加了婚礼。

当天晚上，这一对新人就离开了莫斯科，坐火车到圣彼得堡去度过为期一周的蜜月。随后他们准备先去探望柴可夫斯基的老父亲，等回到莫斯科后再去乡下看望安东尼娜的母亲。

婚礼刚举行过没多久，只剩下柴可夫斯基和妻子俩人的时候，他感受到了难耐的烦恼。他开始清醒地意识到，他所面对的是他的妻子。这个女子是完全属于他的。从此以后他俩的命运就再也不能分开，他有责任和她永远生活在一起。此时安东尼娜爱的欲火燃得他不知所措，他忽然觉得自己的内心并没有接纳这个女子，对他来说安东尼娜将永远是个陌生人。

在柴可夫斯基的心里只有音乐，他觉得自己是属于音乐的。他生命中最美好的只是音乐，这是不可以被任何东西取代的，没有了这个部分，他"未来的生活仅仅是一种苦涩的生存"，这是很可怕的事。

柴可夫斯基该怎么办呢？安东尼娜没有错，让她感到丈夫不爱她，觉得她是累赘，这很残忍。若要装假，而且一辈子装假，那就等于一辈子受刑，他也办不到。安东尼娜所期望的那一切，他都不会做。他感到了恐怖的绝望。

在圣彼得堡住的一个星期，柴可夫斯基没有得到片刻的安宁。

心理、精神上受的折磨是有生以来从未有过的。从圣彼得堡返回莫斯科以后，他无法推卸对安东尼娜母亲的拜访。岳母一家人庸俗的习气使柴可夫斯基很反感，他觉得他们的头脑狭隘，想法无常，并且不停地吵闹，妻子安东尼娜也变得越来越使他讨厌。

于是，柴可夫斯基借口说去治病，把妻子安东尼娜留下，自己去了卡缅卡的亚历山德拉家。正巧弟弟莫代斯特和阿纳托利当时也都在卡缅卡。他们劝慰哥哥，让他在卡缅卡疗养休息一段时间。在妹妹家里，和亲人们在一起，宁和温馨的气氛使他过度紧张的神经镇定下来，他的焦躁不安的心情也平静了许多。

从卡缅卡回来以后，柴可夫斯基在这种精神极度紧张的状况下勉强维持了两个星期，就又到了近乎发疯的地步。这一次柴可夫斯基对生活彻底失望了。他决定自杀，他选择了一种方法，使人们看起来像自然死亡。

在10月上旬的一天，柴可夫斯基穿着一身衣服在冰冷的河里蹚水，刺骨的河水齐腰深，他想用这种办法使自己染上肺病，一死了之。他还编了理由告诉安东尼娜说，他钓鱼去了，不小心落水，由于自身的强健的体格，柴可夫斯基没有死成。

在走投无路的情况下，柴可夫斯基发电报给阿纳托利，让他以音乐学院指挥纳甫拉夫尼克的名义回电，要求柴可夫斯基立即去圣彼得堡。阿纳托利深知哥哥的痛苦，他照办了。

10月6日，柴可夫斯基怀着激动的心情去音乐学院向同事们告辞后，便登上了从莫斯科开往圣彼得堡的火车。第二天早晨，阿纳托利去车站接他，经过一个多月的折磨，柴可夫斯基变得憔悴苍白，弟弟已经几乎认不出他来了。

阿纳托利立即把他带到一家旅馆。一进旅馆，柴可夫斯基彻底垮了。此后两天不省人事。经过一位神经科专家诊断，唯一的治疗方法是他必须"完全改变生活环境，千万不可试图恢复夫妻生活，最好是不要见他妻子的面。只有精神彻底放松，才能使他的身心重新恢复健康"。

柴可夫斯基如此糟糕的状况使阿纳托利惊恐万分。为了解救柴可夫斯基，阿纳托利找到尼古拉·鲁宾斯坦共同商量对策。尼古拉·鲁宾斯坦陪同阿纳托利一起去见安东尼娜，把柴可夫斯基的情况一五一十地告诉了她，也把医生不让柴可夫斯基再见她的建议告诉了她。

尼古拉·鲁宾斯坦和阿纳托利劝安东尼娜同意与丈夫离婚。安东尼娜很友善地接待他们，恭敬地给客人递上茶水，听了尼古拉带有决断性的言辞，她仍然表现得很镇定。

起初，安东尼娜并不相信所说的一切都是真的，更没有想到事情竟发展到如此严重的地步，她觉得柴可夫斯基不可能从此永远离开她。安东尼娜说，为了柴可夫斯基，她一切都可以答应。于是商定先夫妻分居，退掉原来在莫斯科租用的住房，卖掉所有的家具。阿纳托利把安东尼娜暂时安置到了卡缅卡的亚历山德拉那里。

10月中旬，在阿纳托利的陪同下，柴可夫斯基去了西欧，先在柏林停留了几天，后来去了瑞士，在日内瓦湖畔的一座小城克拉伦斯住了下来。他决定在这里休养一段时间，"让世界忘却他"。

妹妹亚历山德拉那时候已经有好几个孩子，她不顾自己已经很重的家务负担，怀着深深的同情收留了这位"无家可归"的嫂嫂。卡缅卡的家人们还以为柴可夫斯基的出走只是因为一时的误会和不悦，不久之后，一切都会顺利解决。

亚历山德拉给柴可夫斯基写信，说了许多安东尼娜的长处，希望他能妥善处理矛盾，争取早日夫妻和解。柴可夫斯基给妹妹写了一封长信，解释了他不可能再回到安东尼娜身边的原因，让妹妹不必再做劝和的努力，信是这样写的：

> 亚历山德拉，怎么说呢，我应该毫不推卸责任地说，我是安东尼娜冷酷无情的丈夫。她一点都没有错，她很可怜，而我在她面前是一个已经失去理智的残忍的暴君。但是，除此之外，我还是一个艺术家，一个能够和应该为自己的祖国带来荣誉的艺术家。
>
> 我感到自己身上还有很强的艺术力量，我还没有做到我能做到的十分之一，我要用全部的努力来做到我还应做的一切。然而现在我却不能工作，希望你也能从这个角度来看待我和安东尼娜之间发生的事情。
>
> 也请你告诉她，不要再用指责和威胁来折磨我，也请她明白这一点：应该让我有可能去履行我的责任。

柴可夫斯基给妹妹写这样一封信，内心并不轻松。他觉得安东尼娜是值得同情的，他知道安东尼娜真诚地爱他，但是"她以她的爱欺骗了自己"，柴可夫斯基曾耐心地告诉她，他并不爱她。

柴可夫斯基能问心无愧的是他从来没有对她违心地表示过爱情，但是在安东尼娜的顽强而又固执的爱面前，善良的柴可夫斯基又曾答应设法增进对妻子的爱情，可是最终他却无法做到，想到这一点，柴可夫斯基从来不回避自己的过失。

而安东尼娜过于自信了，她本来相信结婚以后一切都会按照她所预想的去实现。然而她的表现在柴可夫斯基那里引起更多的是反感，对他来说，她将永远是一个陌生人：

> 我在做什么，我的工作是什么，我的计划怎样，我在

阅读什么，我喜欢哪些知识问题和艺术问题，对于这些，她从来没有丝毫想知道的表示。

还有一件事使我特别吃惊，她说她爱上我已有4年之久了，而且她说我是一位颇受尊敬的音乐家。可是她连我作品中的一个音符都不知道。

就在我出走的前夕，她问我，在唱片店里她可以买到我哪些钢琴曲。使我同样惊奇的是，她从来没有去听过音乐协会主办的音乐会和四重奏演出。

的确，安东尼娜使柴可夫斯基感到很痛苦。她很喜欢说话，她的话题离不开琐碎无聊的事情，她常常说过去曾有多少多少异性钟情于她，那些男人又是如何如何出身高贵……这些谈话都使柴可夫斯基感到厌烦。

无法忍受的柴可夫斯基同安东尼娜协商离婚，但最后离婚协议始终没有达成。为了能达到正式离婚，柴可夫斯基表示愿意承担一切在法律上能构成他们离婚的罪名。可是安东尼娜一再声明，在法庭上她不能撒谎。她在卡缅卡住了一段时间以后，阿纳托利把她送到了莫斯科郊外她母亲家里。

之后，柴可夫斯基把与妻子有关的一切善后事宜都委托给他的好友尤根逊处理。他一直负担安东尼娜的生活费，起初每月50卢布，后来增加到100卢布。

至1889年，安东尼娜又要求柴可夫斯基给她增加钱数，此时柴可夫斯基已得到沙皇政府每年3000卢布的生活津贴。柴可夫斯基本来是有理由停止给安东尼娜生活费的，因为他早已知道安东尼娜已和另一个男人生了3个孩子。尽管如此，柴可夫斯基还是让她如愿，给她增加到每月150卢布。

安东尼娜从青年时代就有心理不正常的倾向，常常说话不着边际，夸夸其谈。这些毛病在这次不幸的婚姻和以后生活的磨难中更为加剧了。1896 年，安东尼娜的精神病症状更加明显，不得不进了圣彼得堡的精神病院，在那里度过了剩下的日子。她死于 1917 年。

在柴可夫斯基逝世后不久，谈到关于柴可夫斯基的为人，安东尼娜这样说：

> 他在所有的人面前的行为都是忠实高尚的。世上没有任何一个人可以指责他有什么不好的品行。他命中注定活在这个世界上就是为了帮助他周围的人们。

杰出的《第四交响曲》

在虚幻的婚姻彻底破灭之后，柴可夫斯基由他的弟弟阿纳托利陪伴前往瑞士的克莱伦斯。途经柏林时，兄弟两人住了一周，以使柴可夫斯基彻底垮掉的神经能尽快地恢复。

10月20日，他们到达了克莱伦斯，租了一幢坐落在美丽的日内瓦湖畔的别墅。从痛苦的婚姻中逃脱出来，彻底地离开了安东尼娜，使柴可夫斯基在精神上获得了解脱，但是接踵而来的是经济上的困窘。

但命运之神在给了柴可夫斯基毁灭性的严酷打击之后，却又慷慨地赐给了他足以终生依傍的保护神。梅克夫人知道了柴可夫斯基在那场不幸的婚姻中所经受的痛苦磨难，对他的不幸遭遇表示深切的同情。

梅克夫人知道此刻对柴可夫斯基来说最重要的是自由，而这自由是需要用物质金钱作为后盾的。梅克夫人除帮助柴可夫斯基还清全部债务以外，还决定从此以后每年向他提供6000卢布的资助，而且立即给他寄去了第一笔钱。梅克夫人终于找到了从根本上帮助她的挚友的时机。她衷心希望柴可夫斯基能生活得好，能有充足的自由从事他喜欢做的音乐创作。

梅克夫人认为，这不是血肉的关系，而是情感和精神的相通，使一个人有权利去支援另一个人。她把帮助柴可夫斯基摆脱困境看作是自己的责任。她写信告诉柴可夫斯基："你要知道，你给了我多么愉快的时光，我对此是多么的感激，你对于我是如何的了不起，而我是多么需要你，恰如你一样；因此，这倒不是我来帮助你，而是帮助我自己。"

回想起刚刚熬过的那场心灵的劫难，柴可夫斯基在感到心有余悸的同时，又充满了对梅克夫人的无限感激：

> 你知道你对我有多大多大的帮助呀！我是站在一个深渊的边缘，我之所以不跳进去，唯一的理由是把希望寄托在你身上，你的友情拯救了我。我将怎样报答你呢？唉，我多么希望有一个时期你可以用得着我呀！为了表示我的感谢和爱，我是什么都可以做的。
>
> 我除了用我的音乐向你服务之外，别无他路。娜杰日达·菲拉列托芙娜，从今以后，我笔下写出的每一个音符都要献给你。当工作的欲望以加倍的力量恢复过来时，那是因为有了你的存在。而在我工作的时候，我一秒钟也不能忘记是你给了我一个机会，使我能够进行我的事业。
>
> 我还有许多许多事情可做，不是虚伪的自谦，总之我直至现在为止所写的一切，和我所能做的和我想做的比较起来，似乎都太微弱，太不完全，但我一定要做到我想做的一切……

接下来的日子，柴可夫斯基被他的《第四交响曲》的创作所吞没了。这部交响曲是他内心情感的记录，是他那一时期生活的一面镜子。他怀着极大的热忱写《第四交响曲》，柴可夫斯基说："过去从来没有过任何一部作品的管弦乐谱花去我这样大的气力，但我也从来没有这样地爱过一部作品。"

柴可夫斯基写这部交响曲时的情绪决定了这部乐曲的构思。除了他经历的个人生活悲剧所引起的剧痛以外，他的精神危机也来源于当时的俄国社会生活状况。

一系列的历史事件牵动着俄国民众的心，包括柴可夫斯基在内的俄国知识分子对这些事件不能无动于衷。1876年4月，保加利亚革命势力发动了反对土耳其统治的起义遭到土耳其的残酷镇压，这激起了全世界进步人士的愤怒。保加利亚爱国者大量牺牲，这使斯拉夫民族独立的问题变得特别尖锐。

1877年，俄国、土耳其之间开始了战争，国家增加军费开支，军队开往前线。广大俄国民众对被压迫的斯拉夫民族抱着深切的同情。沙皇政府对支援斯拉夫民族运动有顾虑，怕因此削弱自己对本国人民的统治。国内反动势力日益猖狂，对革命、进步力量施加更大的压力。进步的知识分子感到空前的压抑窒息。

柴可夫斯基以他特有的敏感去关注这些重大事件，他为国家的前途担忧，他痛心地看到"每天都有家庭失去亲人，陷入困境"。血流成河的战争给人们带来灾难，战争残害着人们的生命，使人们陷入痛苦的深渊，这一切都使柴可夫斯基感到十分沉重。

《第四交响曲》正是反映了作曲家个人情感生活的体验，也融合了那个时期的社会生活情绪。柴可夫斯基说："在这部交响曲中，没有一个乐句不是经过我深切感受的，没有一个乐句不是我心灵的回声。"柴可夫斯基在给梅克夫人的信中对这部交响曲作了详细的解释：

你问我，这部交响曲有没有明确的标题，通常人们问起这个问题来时，我总是回答："没有，一点也没有。"老实说，这是一个不容易回答的问题。怎么能把写作一部没有明确情节的器乐作品时心中产生的那种模糊不清的感觉叙述出来呢？

这纯粹是一种抒情过程，这是通过音乐传述的心灵的自白……就如同抒情诗人用诗句倾诉衷曲一样。不同的只是音乐有无与伦比的有力手段和准确巧妙的语言来表现千变万化的内心情感……

在我《第四交响曲》里是有标题的，也就是说可以用语言来解释它所要表现的内容。但是我只能够，也只愿意对您一个人指出整个作品及分乐章的含义。当然，我也只能作概括的说明。

引子是整部交响曲的核心，它是主要乐思：这是注定的命运，这是一股命运的力量，它阻碍人们追求幸福，使你达不到目的，它忌妒地窥伺着，不让人们得到平静和安宁，它就像大难临头的剑一样高悬头顶，每时每刻都令人恐惧不安，它是永远不可战胜、不可克服的，只好顺从，只好无望地忧伤。

痛苦和绝望越来越强烈，不如回避现实沉入梦幻。

啊，欢乐！温柔甜美的梦幻出现了，一个幸福愉快的人的形象一闪而过，招引人们向往某个地方……

多么好啊！那个纠缠不休的快板第一主题现在已经远去了。梦幻逐渐占据了整个心灵。一切忧愁、烦恼都被忘却。瞧，这就是它，这就是幸福。

不，这是梦幻，命运此时又把人们从梦幻中唤醒。

总之，整个生活就是艰苦的现实与飘忽的梦幻的不断交替。避风港是没有的，在大海里浮游吧，直至它把你吞没投入深渊。这就是第一乐章的提纲了。

在第一乐章中，和平的、迷人的、令人悠然神往的，也令人怅惘的圆舞曲和严峻的、无情的战争号角声相对立。这种鲜明的对比具有巨大的表现力。我把欢乐心情和焦虑不安的情绪交织起来。这种忧虑是由于想到"命运"而产生的。

心灵充满对幸福的强烈渴望，但这种渴望却得不到满足，继续与冷酷无情的命运抗争，但毫无结果。痛苦的心灵在顽强地反抗强大的暴力，它在斗争中保存自己的生命力。

第二乐章描述了痛苦的另一侧面。它表现的是：傍晚，我们独坐家中，厌倦了工作，为解闷而捡起的那本闲书不慎从指尖滑落，笼罩着我们的是那种忧郁的心情。一长串旧的回忆从面前闪过。想到多少事已成过去，并一去不再复返，心里多么难过啊！然而这些青年时代的回忆毕竟是甜蜜的。

虽然我们既无勇气又无愿望去开始新的生活，但我们仍对过去感到悔恨。过去，曾有过年轻人的热血在周身沸腾，有过使我们生活如愿以偿的瞬间，也有过悲哀、伤感、遭受无可挽回的损失的时刻。如今这一切的一切都已淡忘，成为过去。沉浸在这样的回忆之中是多么忧伤而甜蜜啊！

第三乐章没有表现明确的感觉，是一些不可捉摸的形象。当你喝了一点酒，微微有点醉意的时候，它们就在想象中疾驶而过。心里不愉快，但也不忧愁。你什么也不想，只是让幻想自己驰骋，而它又不知为什么会自然而然地描绘一些奇异的图画……突然间你想起了一个喝得醉醺醺的大老粗，听见了一曲街头小调。

后来，在远处又有军队行列走过。这些画面都是不连贯的，都是在你刚要入睡时在脑海中疾驶而过的形象，它们与现实生活毫无共同之处：它们是奇异而陌生的。

第四乐章是热情的快板，它保持着抒情的创作手法，同时又是一种现实主义精神的体现。标题的解释是假如你在自己身上找不到快乐的理由，那就请看其余的人吧！到人民中间去看他们是怎样享受生活的乐趣，怎样完全沉浸在喜庆活动中的。乐曲描绘出一片乡村节日的景象。

我们在别人的欢乐场面中几乎还没来得及忘却自己的痛苦，突然坚持不懈的命运之神再一次提醒我们它的存在。别人根本没有留意我们，他们连看都没看他们一眼，也没有停下来评论我们的孤独和悲伤。

所有这些人是多么欢乐，多么高兴啊！他们所有的感情是那样无关紧要，那样简单。那么你是否仍会说全世界都陷于痛苦之中呢！幸福确实是存在的，它单纯而且未被迫害。在别人的欢乐中快乐吧！这样会使你生活下去的。

末乐章反映了柴可夫斯基当时理智的思考。他力图找到摆脱"命运"压迫的出路。他开始明确地感到，人类整体的生活基础是牢固的。这种生活沿着自己的轨道进行。人们满怀信心地去赢得光明美好的明天，不怕痛苦、流血和死亡。个人的苦难和毁灭对于人群不过是一个微小的伤痛而已。

柴可夫斯基给末乐章选用了《田野上有一株小白桦》这首俄罗

斯民歌主题。富有浓厚俄罗斯民族气息的"白桦"主题雄浑有力的旋律体现了人民的强大力量。

1877年12月柴可夫斯基完成了《第四交响曲》的配器。他把这部交响曲献给了梅克夫人。他在给梅克夫人的信中说：

> 亲爱的娜杰日达·菲拉列托芙娜，也许我是错的，但我认为这部交响曲与众不同。它是我到现在为止写得最好的一部交响曲。我感到非常愉快，因为它是属于你的。你一听到就会知道我是如何经常地想着你。如果不是为了你，它能有完成的一天吗？
>
> 在莫斯科的时候，我以为我已经完了。那时曾写了一张字条："如果我死了，原稿送交梅克夫人。"后来也就忘掉了它。我在这里开始工作时才又发现了这张字条。当时我要把这部最后作品的原稿送给你。
>
> 现在，有了你，我不但活着，而且可以充分地献身于工作。我意识到从我的笔下写出了我认为是值得纪念的东西……

知道《第四交响曲》已经完成了，为了方便印刷出版，梅克夫人给柴可夫斯基寄去了1500法郎。写完这部可纪念的作品后，柴可夫斯基的心情非常愉快。他给梅克夫人在信封中寄去了美丽的花朵。他写道：

> 这花，让你记起南方、太阳、大海、温暖……在森林里我快活得很，我必须把这告诉你。

梅克夫人复信说：

> 花，使我陶醉，我嗅着它的香味，心里充满一种傲然的欣喜……这部交响曲将永远是我生命的光彩。

1878年2月22日，在莫斯科俄罗斯音乐协会的音乐会上，尼古拉·鲁宾斯坦指挥，初次演奏了《第四交响曲》。演出没有获得所期望的成功。公众还没有立刻明白这部交响曲的深刻含义。尼古拉·鲁宾斯坦的指挥也不如往常好，报纸的反应也很冷淡。

梅克夫人不顾天气寒冷和身体不适，冒雨前去参加音乐会。她独自坐在音乐厅的包厢里，欣赏这部献给她的交响曲的首演。她沉溺在交响曲波澜起伏的乐思之中。交响曲的每一个音符在她心头激起无尽的情思。

柴可夫斯基在"命运"面前感受到的困惑、悲哀和绝望，对梅克夫人来说并不陌生；柴可夫斯基在交响曲中对未来生活所寄托的渴望也道出了她心底的夙愿。她由衷地为自己的挚友的成功感到庆幸。

第二天，梅克夫人立刻给柴可夫斯基发去了祝贺的电报，然后又写信告诉他，大家都能接受他的交响乐，尤其喜欢《谐谑曲》这一乐章。鼓掌很热烈，音乐会结束时，听众还要求作者上台来。不过，梅克夫人也觉得乐队的演奏没有发挥足够的水平，对交响曲的效果有所削弱。

尼古拉·鲁宾斯坦也给柴可夫斯基发去了电报，告诉他，已经演奏了《第四交响曲》。但是，关于公众如何评价，他只字未提，也没有向柴可夫斯基表示他本人怎样看待这部新交响曲，柴可夫斯基其他的莫斯科同行对这部交响曲也没有表态。这使柴可夫斯基感到非常失望。

柴可夫斯基给梅克夫人写信说：

> 我非常着急，感到很惊讶和委屈，我的所有的莫斯科同行们居然都对此表示沉默。我原以为我的莫斯科朋友们如果不能为我的新作而感动，至少也会表示一点关心。

同年11月，在圣彼得堡，由纳甫拉夫尼克指挥演奏了《第四交响曲》。这次演出获得了成功，每个乐章演奏完之后，观众都报以经久不息的掌声。指挥连连向观众鞠躬致谢。弟弟莫代斯特在给柴可夫斯基的信中说："如果说，交响曲这类作品的演出能造成狂热，那就数你的交响曲了。"

随着《第四交响曲》的完成和成功，柴可夫斯基的音乐创作进入了成熟期。他的音乐作品表现了深刻鲜明的社会思想，体现普通人拥有不可剥夺的权利去争取幸福这一思想。幸福被"命运"不断地破坏，而人们争取幸福的努力是永不停息的。作曲家用深刻鲜明的音乐形象表现内心的感受和体验。柴可夫斯基第一次创造了抒情交响乐，把世界交响乐发展推向了一个新阶段。

创作《斯拉夫进行曲》

19世纪70年代，土耳其极力向外侵略扩张，发动了对塞尔维亚的战争，又镇压了保加利亚人民反抗土耳其的起义，接着又于1877年同俄国交战。

柴可夫斯基正与弟弟阿纳托利在意大利旅游、休养，听到了俄土战争的消息。他关心着祖国的命运，为战争给国家、人民带来的灾难而焦虑、担忧。

一天，他与弟弟上街，突然听到一个报童在喊叫："看报了，看报了，有俄土战争的最新消息！"

柴可夫斯基不由停住脚步，看着那个卖报的报童。

报童见有人注意他，喊声更大了："看报了，俄土战争的最新消息，俄国吃了败仗！"

柴可夫斯基猛地冲上前，对报童吼道："你高声喊叫什么，闭住你的嘴！"

报童原以为这位注视他的先生是要过来买报，但没想到他却向自己大声喊叫，他吓坏了。

阿纳托利从未见过一向温和有礼的哥哥发这么大脾气，也怔住了。但他马上清醒过来,把哥哥拉到一旁,小声说:"哥,你怎么了?"

"我听到这报童高声喊俄国打了败仗,我就一股火上来,于是就喊了起来。"

"可这报童并不懂什么,他只是卖报的孩子呀!"

"是的,我刚才失态了。你过去替我买份报,并道个歉吧!"

阿纳托利按照柴可夫斯基的嘱咐过去买了份报纸,并代他道了歉。兄弟俩人又继续向前走,柴可夫斯基两眼望着前方,对弟弟说:"我要作一首乐曲,鼓舞我们的祖国,鼓舞我们的人民,鼓舞他们打胜仗,保卫祖国。"

"那就作一首进行曲吧,进行曲高亢、激昂,激动人心。"弟弟阿纳托利说道。

"对,就作一首进行曲,名字就用咱们民族的名字,《斯拉夫进行曲》。"

"好,这个名字很好。"阿纳托利兴奋地赞成道。

回到俄国,柴可夫斯基参加了尼古拉·鲁宾斯坦组织的慈善事业委员会,救助从前线撤回来的伤员,抚恤死难者的家属。他要为自己心爱的祖国尽一份力。

一天,柴可夫斯基来到一所医院,看望从前线归来的伤病战士。他看到一个很年轻的小伙子,失去了双腿,便痛惜地坐到他的身边。

"小伙子,你是怎么受的伤啊?"柴可夫斯基和蔼地问。

"我跟着队伍往前冲,突然,一颗炮弹飞来,'轰'的一声,我眼前一黑,就什么也不知道了,醒来后,我发现自己躺在担架上,下身疼痛得厉害。低头一看,两条腿已经都没了……"

"现在还疼吗?"柴可夫斯基看着小伙子缠着绷带的下身。

"不大疼了,再疼我也不怕,也能忍受,只是,我以后不能再走路了，我才18岁……"

"是呀，你还是个孩子。"柴可夫斯基握住小伙子的手。

"不过我不后悔，如果有人侵犯你的国家，你能不起来反抗吗？我父亲也对我说，你的腿是为了祖国的正义之战而失掉的，是值得的，你是家乡人的骄傲。"

柴可夫斯基紧紧握着小伙子的手，激昂的旋律在他的耳畔响起：为了可爱的祖国，为了俄罗斯……随着激昂的旋律，他看到俄罗斯的军队高唱着进行曲向前线迸发，他们情绪饱满，士气高昂。

在爱国情绪的激励下，柴可夫斯基很快创作出了《斯拉夫进行曲》。

"院长，我的《斯拉夫进行曲》完成了。"柴可夫斯基对莫斯科音乐学院的院长尼古拉·鲁宾斯坦说。

"这么快就完成了？"尼古拉·鲁宾斯坦有些惊讶。

"前线英勇作战的将士们鼓舞着我，激励着我，所以我写得非常快。"

"那你弹给我听听吧！"

随后，柴可夫斯基打开钢琴的盖子，弹给尼古拉·鲁宾斯坦听。

尼古拉·鲁宾斯坦专心致志地听着，听完曲，他脸上露出激动的神情，拍着手掌说："很好，非常好，我都被感动得热血沸腾了，我一定要亲自指挥这首乐曲。"

"那太好了！"看到一向要求严格的院长对这首乐曲如此感兴趣，柴可夫斯基也非常高兴。

在一次慈善义演音乐会上，尼古拉·鲁宾斯坦指挥演奏了《斯拉夫进行曲》。高昂的旋律，激扬的节奏，使观众热血沸腾，好像正在迈着整齐的步伐奔赴前线。

演奏结束后，观众全体起立，热烈鼓掌，有的观众甚至欢呼起来，情绪非常激昂。在观众的强烈要求下，尼古拉·鲁宾斯坦又连续演奏了两遍《斯拉夫进行曲》。

在俄土战争期间，俄国许多地方都演奏《斯拉夫进行曲》，战士们也哼着进行曲走上前线，这首乐曲极大地鼓舞了俄罗斯人民的爱国热情。

不拘一格的交响曲

1878年3月,柴可夫斯基的学生柯代克去圣彼得堡参加音乐会,回到莫斯科后,他向因病未能亲自去听音乐会的柴可夫斯基汇报音乐会的情况。

"老师,您新创作的交响幻想曲《里米尼的弗兰切斯卡》在音乐会上非常受听众的欢迎。"

"哦!是吗?说一说演出情况吧,特别是听众的反应。我们写乐曲是给听众听的,一定要注意收集听众的反应,注意听取听众的意见。"柴可夫斯基看着柯代克说。

听了柴可夫斯基的话,柯代克说:"音乐厅里坐满了听众。演出开始不久,听众就完全被乐曲吸引住了。他们睁大眼睛,如醉如痴地倾听着,好像他们已经深入到乐曲所描绘的情节中,成为音乐故事中的一个主角。在乐曲演出到高潮时,一些女士都被乐曲感动得流了泪,一些男士的眼睛也湿润了。演出结束时听众长时间地热烈鼓掌。乐团几次返回台前谢幕。"

柯代克喝了杯咖啡,又接着说:"报纸上的评论也给予很好的评价,说这部乐曲是一部很有个性的作品,非常富有情感,真挚感人。

还说这部乐曲很有幻想、浪漫主义的色彩,将听众带进一个梦幻般的情景中。"

"有什么批评性的意见吗?"柴可夫斯基问。

"这个,我还没有听到,也没有看到。"

"以后参加音乐活动,要注意收集各方面的意见。特别要注意收集批评性的意见,这样才能有利于我们创作水平的提高。"

"好,我今后一定按照老师的话去做。"

停了停,柯代克又说:"老师,您能谈谈创作这首乐曲的经过和感想吗?我想写一篇评论,希望老师能向我提供一些情况。"

柴可夫斯基想了想后,开始谈一些创作交响幻想曲《里米尼的弗兰切斯卡》的情况:"这首交响幻想曲,取材于一幅绘画。"

"是吗?我只知道您读了不少文学巨著,您的不少乐曲都取材于文学著作。"

柯代克接着就掰着手指数说起来:"您的《大雷雨》序曲、歌剧《市长》取材于奥斯特洛夫斯基的剧作。歌剧《禁卫军》取材于拉日契尼科夫的悲剧。歌剧《女靴》取材于果戈理的小说。交响幻想序曲《罗密欧与朱丽叶》《暴风雨》取材于莎士比亚的话剧。歌剧《叶甫根尼·奥涅金》取材于普希金的诗体小说……"

柴可夫斯基笑笑说:"你的记忆力还真不错!"

柯代克也笑着说:"老师,从绘画中获得灵感的作曲家可不多,能谈谈您是怎么从绘画中获得灵感,创作出交响幻想曲《里米尼的弗兰切斯卡》的吗?"

柴可夫斯基回想片刻后说:是在1876年,我去德国音乐大师瓦格纳的家参加音乐会,就是在那次音乐会上,我结识了匈牙利著名钢琴家李斯特。我的《罗密欧与朱丽叶》序曲也于这时在德国柏林出版。

拿到稿费后，我去意大利旅游，到了位于来德里亚海滨的里米尼。在里米尼，我看到了一幅油画，这就是《里米尼的弗兰切斯卡》，我一下子就被这幅油画吸引住了，感受到这幅绘画中一定有个非常动人的故事。果然如此，当地人向我讲述了这幅油画中的故事：

许多年前，里米尼有一位特别美丽的姑娘，名字叫弗兰切斯卡。她的父亲是个势利鬼，把她许配给了皇帝詹阙托。这个皇帝詹阙托非常丑，他担心美丽的弗兰切斯卡不肯嫁给他，绞尽脑汁想办法。正在他想着自己的馊主意时，他看到弟弟保罗走进皇宫。

保罗又年轻，又英俊潇洒，他心地温存善良。于是詹阙托让人把弗兰切斯卡领到皇宫，让她从远处看到保罗，说这就是皇帝詹阙托，弗兰切斯卡一见很喜欢，答应了婚事，并留在了皇宫。到了晚上，詹阙托出现在弗兰切斯卡面前，说他才是皇帝。

弗兰切斯卡看到詹阙托面容丑陋而且又凶神恶煞，虽然又气又恨，但后悔已经晚了：弗兰切斯卡偷偷去找保罗诉苦，保罗很同情她，两人暗中相恋。詹阙托发现了弗兰切斯卡与保罗的恋情，残酷地杀害了他们……

说到这儿，柴可夫斯基难过地停下来。柯代克给他倒了杯茶水。

柴可夫斯基喝了口水又接着说："看到这幅画后我内心受到很大震动。弗兰切斯卡与保罗相爱的情景，还有他们被杀害的情景久久在我脑海中闪动，随着他们的身影，一些音符也跳动了出来。这时我觉得一定要拿起笔来写一部乐曲。"

说到这儿，他看着柯代克又接着讲道："创作要有感而发，心灵感动了、震动了，才能产生出好作品。乐曲不是躺在床上瞎编出来的，而是从心中流淌出来的。"

柯代克点点头说："老师，我知道了。"

柴可夫斯基又说："消灭黑暗，追求光明；打击邪恶，推崇正义是我的理想，也是我创作的主旨，所以我见到能产生类似主题的素材，就有了创作的冲动。创作这首《里米尼的弗兰切斯卡》也是这样。"

柯代克又点头："这样的作品才能深深地打动人心。"

柴可夫斯基又说："各种艺术都是相通的，相互吸收营养。我们搞音乐的，不能只写乐曲、听音乐，还要从小说、戏剧、诗歌、绘画等艺术形式中吸取营养。要不拘一格，这样才能丰富自己的音乐创作。"

"老师，我记住了。"柯代克又点点头。

师生俩人倾心交谈，一直谈到很晚。

别了，亲爱的莫斯科

1878年，柴可夫斯基回到了卡缅卡，亚历山德拉一家像过去一样热情地迎接他，这使他感到了莫大的宽慰。他马上开始了工作。

4月底，他已经写好新的钢琴奏鸣曲，完成了12首钢琴练习曲。还开始为孩子们编选24首小型钢琴曲，定名为《儿童钢琴曲选》，并完成了《小提琴协奏》和管弦乐配器。

5月间，为了减轻柴可夫斯基因创作而引起的日益增长的紧张情绪，梅克夫人还邀请柴可夫斯基到她布莱洛伏的农村庄园去住几个星期。当她不在时，整所住宅由柴可夫斯基支配。

布莱洛伏是一座占地12000英亩的花园，坐落在乌克兰喀尔巴阡山上。在这奇妙的、乡村一般的环境中，柴可夫斯基完成了他的最重要的一部宗教音乐作品，即《圣·约翰·克里索斯特姆的圣餐仪式》，还为小提琴与钢琴写了3首小品，收藏在《怀念一个可爱的地方》集子中。

在这段时间里，柴可夫斯基虽然不停地创作各种形式的音乐小品，但歌剧这种形式始终吸引着作曲家，他不断寻求合适的歌剧题材。尽管柴可夫斯基无法接受东正教的教义，但作为艺术家的一种体验，他在教堂仪式中却找到了"最大的幸福之一"。

9月，柴可夫斯基不得不回到音乐学院工作。于是，他踏上了回莫斯科的火车，在车上，柴可夫斯基被周围的人们认出来了，他们的眼睛盯着他。柴可夫斯基想避开，但不可能了。他不知如何是好，忽然意识到在莫斯科他会生活不下去的。他发现自己还是那么怕见人，然而，他又必须回到音乐学院工作。该怎么办呢？

柴可夫斯基在回到莫斯科的第二天，就去音乐学院讲授他本学期的第一堂课了。但是，他开始厌倦这种教学生活，讨厌音乐学院连同它的不愉快的环境和课程。他一旦站到讲台上，就不得不受厌世情绪的干扰，尤其当和外边的人们打交道的时候。这种情绪简直完全支配了他，使他无法去和莫斯科的这种生活抗争。

柴可夫斯基想不久之后，静悄悄地永远离开音乐学院。但是，最近的一段时间，他觉得自己应该留在音乐学院，因为没有合适的人能够教这一门课。他想，不论这一项工作是如何不适合，他也应该牺牲自己，不能在关键时候让学生们耽误上课。

柴可夫斯基之所以厌倦这份工作，还因为他不得不把大部分的时间和精力都放在教学上。他每周必须工作26小时以上，音乐学院的院长从没有把他当作一个作曲家，让他教学任务少些，能有更多的时间去创作。他也没有想到，自己在这个岗位上已经教了12年的和声学。

于是，辞职的想法在柴可夫斯基脑海里愈演愈烈。但尼古拉·鲁宾斯坦已经作为俄国出席巴黎音乐博览会的官方代表出国了。由于鲁宾斯坦不在音乐学院，柴可夫斯基无法向其他人提出辞呈，他只能暂时安下心来，继续履行一个教师的职责。但是他内心对音乐学院的印象越来越坏，在给莫代斯特的信中，他把音乐学院描绘成一座"肮脏、恶臭而令人作呕的监狱"。

就这样，柴可夫斯基在莫斯科音乐学院坚持了一个星期，但短短的一星期好像是过了无穷岁月似的。他的生活方式绝对是一种噩梦，在指定的时间里走进音乐学院，如行尸走肉般地站上讲台，熬完了他的时间，然后跑到城外什么地方去，找一个安静的地方待着。因为只有在那些地方他才可以静下心来。

莫斯科人不大喜欢大自然，这倒使柴可夫斯基感到很自在。在那些地方，就好像只有他一个人。有一回他从早上10点一直站到晚上6点，在那公园美丽的小路上，他几乎没有碰见过一个人。晚上他把自己关在屋子里，要不然就跑到遥远的角落去，一心想着最忧郁的事情。

过了些天，尼古拉·鲁宾斯坦从巴黎回到了莫斯科。人们像迎接凯旋的总督一般热烈隆重地欢迎他的归来。

9月20日，尼古拉·鲁宾斯坦曾在巴黎博览会举行的3场俄国作品音乐会上指挥演奏了柴可夫斯基的《忧郁小夜曲》。在巴黎演出的最后一场音乐会上，尼古拉·鲁宾斯坦再次指挥演奏了《第一钢琴协奏曲》，会场盛况空前，演出轰动了整个巴黎。

在给尼古拉·鲁宾斯坦接风的宴会上，他把柴可夫斯基大大夸赞了一番，说："柴可夫斯基的作品给巴黎听众留下了极为深刻的印象。"还说："拥有柴可夫斯基这样的杰出人才是音乐学院应引以为荣的。"到会的人们纷纷前来恭贺柴可夫斯基。

这种场面使柴可夫斯基又有点招架不住了。他再次受到现实的冲撞，觉得无法再忍耐下去。第二天，他就去找了尼古拉·鲁宾斯坦，说出了他要离开音乐学院的想法。这位院长没有对他表示挽留，立刻同意了他的辞职。

就这样，10月18日，柴可夫斯基在音乐学院上了最后一堂课。19日音乐学院为他举行了告别宴会。尼古拉·鲁宾斯坦还有他的好友尤根逊、卡什金、塔涅耶夫、阿尔别列契特等人都前来与他话别。当晚，柴可夫斯基踏上了开往圣彼得堡的火车。

柴可夫斯基坐在火车上，心里默默地说："别了，亲爱的莫斯科！"

感谢生命中的挚友

1878年10月20日,柴可夫斯基彻底离开了他工作了12年的莫斯科音乐学院,起程前往圣彼得堡,并打算在圣彼得堡和卡缅卡住几个星期后,前往欧洲,开始他不知尽头的流浪生活。

回顾一下在音乐学院10多年的音乐教育和创作生涯,柴可夫斯基还是怀着莫大的快慰。在这里,他开始走向音乐的道路,在这里,记载着他音乐创作过程中的成功与失败。

临行前一天他写信给梅克夫人:

> 前天我上了最后一堂课。明天我起程到圣彼得堡去,从此之后我就是一个自由的人了!……
>
> 在另一方面,我在莫斯科过得满足……在这里,命运安排我遇见了一个成为我的天使的人。

在此之前,柴可夫斯基曾拒绝了圣彼得堡音乐学院高薪的职位,他不想再把自己的精力消耗在教学的工作中,他渴望着创作。在准备去欧洲之前,他又回到卡缅卡,与妹妹一家欢聚在一起。

而这时候的梅克夫人给他发来电报，请他到自己的庄园去居住，她可以为柴可夫斯基提供一幢别墅。柴可夫斯基个人认为长期在梅克夫人家里居住不太好，一些人可能会说闲话。于是他谢绝了梅克夫人的好意，先到卡缅卡妹妹家里去居住。

在妹妹家居住了一个多月，梅克夫人又来了信，说她正在意大利旅行，邀请柴可夫斯基也去意大利旅游、创作，费用都由她承担。

11月，柴可夫斯基应梅克夫人之邀来到意大利的佛罗伦萨，在佛罗伦萨的火车月台上有不少乐迷自发地迎候他。梅克夫人在距离自己别墅半英里的地方为他租了公寓。之所以这样安排住处，是因为两个人约定，只通信来往，不见面。确实，两个人已通信交往几年，但相互还未见过面。

走进公寓，柴可夫斯基立刻感受到了梅克夫人对他的细心关怀。桌子上是梅克夫人留给他的条子：

你到了这里，我是多么快乐呀！我希望你会喜欢我为你选择的住处。你是我的贵客，如果需要什么，可立刻告知我每天派去的仆人。祝你在这里生活愉快。

在纸条的下方写着参观风景名胜的路线，供柴可夫斯基参考。

柴可夫斯基又在桌上看到了梅克夫人特意从俄国带来的他非常爱喝的茶叶，还有给他预备的报纸、杂志。一份杂志刊载着评论柴可夫斯基音乐的文章，这份杂志翻到那一页摆在最上方。梅克夫人考虑得真细致啊，她真是无微不至地关怀着自己。

柴可夫斯基又环视住房，这公寓宽敞明亮，室内的陈设也典雅、高贵。窗外绿树成荫，风景秀丽。这居所真是舒适极了。

柴可夫斯基太喜欢这里的环境了。他告诉出版商尤根逊说:

> 这里真是寂静得使人惊讶,我特别喜欢黄昏,我徘徊在阳台上,在完全的寂静中沉思着。你会说,这多奇怪,一个人怎么能够享受寂静呢,不存在的声音怎么能够欣赏呢!但如果你是一个音乐家,也许你也可以在深夜的寂静中听到一种声音,好像是地球在空间飞转而发出的深沉的低音似的……

梅克夫人无微不至的关怀令柴可夫斯基深深地感动。他坐在宽大的阳台上,回想起与梅克夫人的交往。

都说人生难得一知己,而梅克夫人就是他这一生最难得的知己。几年来她慷慨地在经济上资助柴可夫斯基,每年给他6000卢布的生活费。还用了数千卢布帮助他出版了几本音乐总谱。担心他工作、创作过于疲惫,梅克夫人每年还安排他出国旅游、休养……

梅克夫人不但关心柴可夫斯基的物质生活,也关心他的精神生活。在他的婚姻遇到问题时,她写信安慰柴可夫斯基,帮助他摆脱烦恼。她特别关心音乐创作,每当柴可夫斯基的新乐曲演出时,她都去观看,并把感受写信告诉他,同他分析、探讨。

1878年,柴可夫斯基创作的《第四交响曲》在莫斯科公演,梅克夫人冒雨前去观看。第二天就发来电报,祝贺演出成功,接着又写信来谈对这乐曲的感想。

梅克夫人还多次在信中劝柴可夫斯基注意休息,以保存创作的力量。她在信中说:

> 你只有休息好,保持身体健康,方能使才能充分发挥,

达到高峰,并长驻高峰……

柴可夫斯基则回信给梅克夫人说:

可我总是休息不下来。乐曲一动笔,我就非把它写完不可。曲子一写成,又有一种不可抗拒的力量督促我开始写另一部新作品。对于我,工作就像空气一样不可缺少。当然,对于你的友爱的劝告,我是非常感激的……

来自民间的动人乐曲

辞去了音乐学院的工作,再加上梅克夫人的资助,柴可夫斯基的心情不再烦躁了,开始了他在佛罗伦萨的美好旅行时光。

一天,柴可夫斯基在街上散步,路过一座教堂时,听到一个10岁左右的小男孩在教堂门前唱歌。"为什么背叛我?为什么遗弃我……"男孩的歌声是那样的清脆动听,柴可夫斯基立刻被吸引住了,停下来侧耳倾听。

听着男孩动听的歌声,柴可夫斯基想到了自己的童年,那时自己的歌声也很好听,家里人都喜欢听自己唱歌,特别是母亲。他又想起了母亲给他唱的《夜莺》,母亲的歌声非常动听……

柴可夫斯基看到小男孩面前的地上,放着一个盒子,里面有一些零钱。柴可夫斯基走到小男孩面前,掏出兜里的所有零钱,放到小男孩面前的盒子里。

小男孩从未见人一下子给他这么多钱,不由得愣住了,很快他又感激地向柴可夫斯基鞠了一躬:"谢谢您,先生,您真是慷慨。"

"孩子,你唱的是一首意大利民歌吧?"

"是的,是我妈妈教我唱的。"

"你可以把这首歌再唱一遍吗？这首歌太好听了，你唱得也好。"

"行，我为您唱一曲。"说着小男孩又唱了起来。

柴可夫斯基默默地用心记着歌曲的旋律。小男孩唱完后，柴可夫斯基认真地说："孩子，你知道吗，你有一副难得的好嗓子！"

小男孩有些不好意思地说："人们都说我有副好嗓子，要不我唱歌也不会有人愿意听，我也不会出来演唱的。"

"你要保护好你的嗓子，为了将来。将来，你也许会成为一个歌唱家的。"

小男孩没有回答，他有些茫然地看着柴可夫斯基，现在还想不了那么远，他想到的只是要填饱肚子，帮家里解决现有的困难。

3天后的傍晚，柴可夫斯基又路过这个教堂，听到那小男孩仍然在唱歌，但歌声已经沙哑了。他走过去。

"孩子，你的嗓子已经沙哑了，你不应该继续唱下去了，要多注意休息。"

"今天是谢肉祭时节，来教堂的人多，爸爸让我多唱些时候，多挣些钱回去。"

旁边的一个小商贩说道："这孩子从早到晚，唱了一整天了。真是可怜呢！"

柴可夫斯基心疼地对小男孩说："孩子，你的嗓音条件非常好，以后也许会成为一个优秀的歌唱家的。可是，你要这样不顾疲劳地唱下去，会把嗓子唱坏的，那样就太可惜了。"

"可我们家需要钱，我的母亲病得很严重，需要钱治病。"

柴可夫斯基沉默了片刻后他从衣袋中掏出一张大面额的纸币，放在小男孩面前的盒子里。

没想到小男孩把这纸币还了回来："先生，前两天您已经给了我不少钱，我不能再收您这么多钱了。"

世界名人传记文库 | 119

"拿着吧，孩子，这样你今天就能回家休息了，你的嗓子需要休息。"柴可夫斯基诚恳地说。

旁边的小贩也劝小男孩："孩子，好心的先生给你钱，你就拿着吧，拿回家给你妈治病。"

小男孩擦擦湿润的眼角，给柴可夫斯基深深地鞠了一躬："好心的先生，谢谢您，我和妈妈都谢谢您！"

"孩子，你要真的谢我，就把你自己的嗓子保护好。我是搞音乐的，知道你的嗓子是很难得、很宝贵的。"

小男孩又用茫然、无奈的眼光看着柴可夫斯基，接着低下头去。柴可夫斯基感到一阵心疼，难过地转身离开了。

走在路上，柴可夫斯基心想，这男孩肯定还要不停地唱下去，贫困的家境迫使他必须唱下去，直至把嗓子唱坏了。想到这里他心里更加难过，眼角也湿润了。

如果这男孩生在一个富裕家庭，会让他受到良好的教育，良好的音乐训练，那他很可能会成为一个杰出的歌唱家的。唉，命运真是不公平啊！而柴可夫斯基又想到自己，自己如果没有梅克夫人的资助，也不知道会怎样呢！这时他的心里充满了对梅克夫人的感激之情。

晚上，柴可夫斯基在旅馆的房间里眺望佛罗伦萨的夜景。他又想起了那个小男孩，他的耳边又响起小男孩的歌声。这歌声是那样的辛酸，那样的悲凉，柴可夫斯基想：我要把这歌声记录下来，把这歌曲的旋律谱写下来，这是对这次意大利旅行的纪念，是对意大利民间音乐的纪念，也是对这个令人同情的小男孩的纪念。

柴可夫斯基利用在佛罗伦萨度假的时间，把从小男孩那儿听到的意大利民歌谱成了一支乐曲。在创作的过程中，他眼前总是浮动着小男孩的身影，耳边响着他动听的歌声。

乐曲完成后,他把这首来自民间的乐曲邮给了梅克夫人,他想,梅克夫人一定会喜欢这首动人的乐曲的。

果然,梅克夫人不久给他回了信,信中说:

您最近邮给我的乐曲我非常喜欢,这首乐曲具有浓厚的意大利风情,又含有很深的悲剧意味,我听着听着就泪流满面了。能让人不知不觉流泪的音乐一定是好音乐,谢谢您送给我这么好的乐曲,让我得到最好的精神享受。

谱写《意大利随想曲》

柴可夫斯基在意大利旅游了一段时间，回国的日子到了。晚上，柴可夫斯基躺在旅馆的床上，默默回想着。就要告别意大利了，还真有点流连忘返的感觉。

美丽的意大利呀，浪漫的意大利呀，热情的意大利呀……

文人墨客游览了一个好地方，就会拿起笔来，写一篇游记作为纪念。作曲家呢，应该谱写一首乐曲，记下他的感受，记下他的随想。我就给这次意大利之旅写一首随想曲，就称为《意大利随想曲》吧！

写《意大利随想曲》自然要随想意大利，柴可夫斯基不禁回想起来：他们一行人饱览了罗马的绮丽风光和名胜古迹。他们游历了阿皮亚公路，瞻仰了圣彼得大教堂、圣·玛利亚大教堂以及地处温克利的圣·彼埃特罗教堂，欣赏了文艺复兴时期著名的艺术家米开朗琪罗的雕塑《摩西》，作者把这个《圣经》中的宗教领袖刻画得惟妙惟肖，个性也非常鲜明，让人看了以后就会永远铭记心中，柴可夫斯基在这尊雕塑面前久久伫立，敬佩之情油然而生。

他们还去观赏了罗马圆形剧场和西斯廷教堂。西斯廷教堂中的米开朗琪罗创作的天顶画《创世纪》，这幅画规模宏大，气势雄伟。几百年前就能创作出这样伟大的绘画，真是令人惊叹啊！这部艺术杰作所蕴含的圣洁美深深感动了柴可夫斯基。

意大利的人民热情、豪爽而又潇洒。一次柴可夫斯基去看歌剧，被剧场里的观众认了出来，他们全都站起来向他鼓掌欢呼："欢迎，柴可夫斯基，欢迎，柴可夫斯基！"他感到非常的荣耀，但又不好意思。当演出结束时，一些观众又走到柴可夫斯基面前，同他握手，请他签名留念，那热情的场面让柴可夫斯基心里热浪滚滚。

1880年的新年，意大利罗马街头的狂欢节真是热闹。穿着鲜艳的节日盛装，戴着各式各样假面具的意大利人在街心广场尽情地载歌载舞，尽情地狂欢。

意大利人有天生的好歌喉，世界知名的歌唱家不少，民间的歌唱家也不少。在这民间狂欢节上，好多人的歌唱都高亢、响亮，声入云天。柴可夫斯基如获至宝，欣喜万分，他把这些优美的民歌主题一一记了下来。

接下来，柴可夫斯基一行人又去了拿波里，游览了卡普里岛，来到索连托的"蓝色的岩洞"。

在这个美丽的国度，空气中总是弥漫着橘子树和柠檬树的清香，桃树、杏树绽开粉红色的花朵，脚下、墙上、屋顶上到处是盛开的玫瑰。蔚蓝色的天空和海洋连成一片，举目远望，令人心旷神怡。

在旅居意大利的日子里，柴可夫斯基尽情享受了南国的阳光、大海和美景。意大利精美、不朽的绘画、雕塑、建筑艺术，还有性格豪放、爽朗的人民都给柴可夫斯基留下了难忘的印象。这一切都涌入他的脑海，不断激发他的创作灵感。

接下来的日子，柴可夫斯基开始写《意大利随想曲》。每天傍晚从他居住的旅馆附近的骑兵营传来号角声，他把这号角声写进了这部乐曲里。这部作品表现了柴可夫斯基在游览意大利期间所获得的印象和感想,曲调明快、热烈,洋溢着节日的欢乐气氛。尤其是结尾的意大利南部最具代表性的"塔兰泰拉"舞蹈乐曲,展现了潇洒活泼的意大利风情。

回到俄国不久,柴可夫斯基就完成了《意大利随想曲》的全部创作。1880年12月,这首《意大利随想曲》由尼古拉·鲁宾斯坦指挥,在莫斯科公演获得成功,接着又演出多次。以后这首热情、浪漫的乐曲成为世界上各种音乐会的常演曲目。

纪念恩师的三重奏曲

1881年3月26日,俄罗斯天才钢琴家、莫斯科音乐学院院长尼古拉·鲁宾斯坦突然在巴黎去世,时年45岁。柴可夫斯基闻此噩耗,立即怀着极其悲痛和急切的心情赶往巴黎,他想最后再看一眼他的恩师和朋友。

匆匆赶到巴黎,柴可夫斯基顾不上为自己寻找落脚的地方,便直奔尼古拉·鲁宾斯坦下榻的旅馆。他发疯似的冲进旅馆大厅,跑上二楼,又冲进房间,然而房间里什么也没有了,鲁宾斯坦的遗体已经在他到达之前运到教堂去了。

柴可夫斯基无力地瘫坐在空空的床上,巨大的悲痛压得他抬不起头来,他觉得自己的心不断往下沉。他无论如何也不能相信,亲爱的尼古拉就这么永远地离他而去了,什么话都没有留下。无论是睁着眼睛还是闭上双眼,他的眼前总是充斥着尼古拉那善良而热情、严厉而迷人的面容……

尼古拉·鲁宾斯坦和他的哥哥安东·鲁宾斯坦无疑是柴可夫斯基步入音乐殿堂的引路人。他们对柴可夫斯基的音乐生涯起到了举足轻重的作用,虽然他们俩对柴可夫斯基从来都是严格得近乎苛刻。

当初，柴可夫斯基一进入圣彼得堡音乐学院便在安东·鲁宾斯坦的管弦乐作曲班学习。虽然安东·鲁宾斯坦和柴可夫斯基都不大欣赏对方的作品，但他们之间的关系已经成熟，相互都非常尊重。不但作为一位老师，而且作为一个"人"，安东·鲁宾斯坦完全把柴可夫斯基迷住了。

柴可夫斯基尊敬安东·鲁宾斯坦，崇拜他，为了讨好他，柴可夫斯基常常通宵达旦地去努力完成他布置的作业，把他的意见和认可看得比其他人的意见和认可更为宝贵。可是，安东·鲁宾斯坦对柴可夫斯基的赞语却少得可怜，这不能不使年轻而又敏感的柴可夫斯基感到悲观沮丧。尤其是接近毕业的时候，他觉得他在安东的眼里简直差劲透了，要想得到一份理想的工作显然是不大可能的。

然而，大出柴可夫斯基意料的是恰在此时，莫斯科音乐学院院长尼古拉·鲁宾斯坦来请求他哥哥为他推荐一名和声学教授。安东·鲁宾斯坦并没有推荐他平时美言颇多的学生，却把这个职位留给了柴可夫斯基。当柴可夫斯基一夜之间从一个音乐学院的大学生一跃而为音乐学院的和声学教授时，他才深切地理解了安东·鲁宾斯坦的为人和他对自己的良苦用心。所以，柴可夫斯基始终对安东·鲁宾斯坦怀着深深的敬意和感激。

1878年，柴可夫斯基在俄罗斯已经声名赫赫，但他在与梅克夫人谈到安东·鲁宾斯坦时，却仍以一副敬慕和感激的口吻说：

你说起安东·鲁宾斯坦，我能够和他比拟吗？他是当代第一个钢琴家，在他身上伟大的演奏技巧和伟大的创作才能统一起来……

我一生将永不能达到鲁宾斯坦的十分之一，因为他是以当代最伟大的演奏家开始的。我可以说鲁宾斯坦——作为我的老师，谁也没有比他更清楚我的音乐性格，谁也没有比他更帮助我在西欧成名。

与安东·鲁宾斯坦的严肃和"难以接近"相反，尼古拉·鲁宾斯坦给人的印象是相当的温和、平易近人。只是他在音乐上的严厉与苛刻几乎可以与他在生活上的温和与宽容成正比。

3月25日，尼古拉·鲁宾斯坦的葬礼在巴黎举行，柴可夫斯基及时赶到教堂参加了葬礼。在葬礼上他看到了法国作曲家马斯奈、俄国作家屠格涅夫等著名艺术家。作为闻名世界的音乐家、作曲家、指挥家，尼古拉·鲁宾斯坦的逝世使世界艺术界都为之悲痛。

哀乐奏出令人心碎的旋律，参加葬礼的人排着队，缓缓走进哀悼大厅。身穿黑色丧服的柴可夫斯基也走在队伍中。看着自己的恩师尼古拉·鲁宾斯坦的遗像，以及布满遗像旁的鲜花，柴可夫斯基心头涌上许多回忆和感慨……

20年前，柴可夫斯基初到莫斯科，是尼古拉热情接待了他。尼古拉劝他说："柴可夫斯基，音乐是你的职业，这里是你从事心爱职业的地方，用事实证明你是个合格的音乐家吧！"从此以后，尼古拉给予柴可夫斯基许多的关怀和帮助。

尼古拉让柴可夫斯基住进了他的家，使其有了安身之处，并在日常生活中给他很多帮助。柴可夫斯基的婚姻出了问题，尼古拉帮助出主意，帮助解决，使柴可夫斯基摆脱困境。

柴可夫斯基的大部分作品都是由尼古拉指挥演出的。尼古拉还努力向国外的音乐同行及音乐爱好者推荐、介绍柴可夫斯基的作品。他虽然对柴可夫斯基的一些作品提出了批评，有些还很尖锐，但艺术也是需要批评的，他的批评使柴可夫斯基的作品得到修改和完善。

为了帮助柴可夫斯基摆脱经济上的困难，尼古拉介绍梅克夫人认识了他，使他得到资金上的资助，从此柴可夫斯基可以一心一意地从事心爱的音乐创作。

对柴可夫斯基生活、事业帮助最大的两个人就是梅克夫人和尼古拉·鲁宾斯坦。

回想20年来与尼古拉的师生情和友谊，柴可夫斯基心头波澜起伏，泪水夺眶而出。他走到尼古拉·鲁宾斯坦遗像前，深深地鞠了3个躬，心里默默地念着：尊敬的尼古拉·鲁宾斯坦，我永远怀念您，您将永远活在我和全世界音乐爱好者的心中。

为了纪念尼古拉·鲁宾斯坦，柴可夫斯基在《莫斯科公报》上发表纪念文章：

> 尼古拉·鲁宾斯坦作为艺术家，我一向对他有高度评价。我不用说他对民众的意义，只要想到他是无可替代的艺术家这一点就足够了。
>
> 在几十年的音乐艺术生涯中，尼古拉·鲁宾斯坦为俄国音乐，为世界音乐事业的发展，作出了不可磨灭的贡献！活在世上的音乐界人士、音乐爱好者，将永远记住这位杰出艺术家谱写的乐谱和他手中的指挥棒。他培养的学生，受过他帮助的音乐界人士，定会沿着他的足迹，继续在开拓音乐事业的道路上跋涉。

对音乐家最好的纪念是什么？是运用音乐的形式来纪念。柴可夫斯基决定创作一首乐曲纪念尼古拉·鲁宾斯坦。他想这首乐曲要创作得富有特色，令人印象深刻，这样才与这位著名音乐家相配。

为了写好这首纪念乐曲，柴可夫斯基绞尽脑汁反复思考、琢磨。最后，他决定创作一首钢琴、小提琴、大提琴三重奏曲。这种形式他从未尝试过，别人也很少尝试，但肯定出新，有特色，会给人们留下深刻印象。

在绵延不尽的哀思中，柴可夫斯基开始了三重奏的创作。他写成两个乐章，第一乐章是《哀歌》，表现了作者对挚友尼古拉·鲁宾斯坦的无尽哀悼和思念。在谱写乐曲的过程中，柴可夫斯基的泪水经常情不自禁地流下，滴湿了乐谱。乐曲的曲调充满哀伤、惋惜，寄托着绵绵不断的思念。

第二乐章是以俄国民歌曲调为主旋律，表示尼古拉·鲁宾斯坦是俄国伟大的音乐家。在第二乐章中柴可夫斯基运用711个变奏，是他所写的变奏曲中变化最丰富的一部。通过多姿多彩的音乐旋律，展示了杰出音乐家尼古拉·鲁宾斯坦辉煌的艺术生涯和对音乐不朽的贡献。

经过呕心沥血的创作，柴可夫斯基终于完成了这部纪念尼古拉·鲁宾斯坦的三重奏曲。

在尼古拉·鲁宾斯坦的家中，柴可夫斯基把三重奏曲弹奏给尼古拉·鲁宾斯坦的亲友们听。弹奏过程中，柴可夫斯基流着眼泪，尼古拉·鲁宾斯坦的亲友们也流着眼泪。他们都沉浸在对尼古拉·鲁宾斯坦的深深怀念中……

演奏结束后，尼古拉·鲁宾斯坦的亲属都站起来向柴可夫斯基鞠躬致谢。

谢谢您，尊敬的柴可夫斯基先生，谢谢您为尼古拉·

鲁宾斯坦创作了这样感人的纪念乐曲。我们家族将世代把这首乐曲传下去，后世子孙会永远记住尼古拉·鲁宾斯坦，永远记住柴可夫斯基。

这首三重奏曲在社会公演后也很受欢迎，这是对柴可夫斯基创作才能的充分认可，也是对尼古拉·鲁宾斯坦音乐生涯的肯定。之后，这首三重奏曲成为世界上各种音乐会的常演曲目。尼古拉·鲁宾斯坦在钢琴、大提琴、小提琴奏出的动人音乐中得到永远的纪念。

为穷苦孩子捐资助学

1885年，柴可夫斯基45岁。从1877年年末离开莫斯科音乐学院以后，柴可夫斯基就一直没有固定的住所。他有时到卡缅卡的妹妹家居住，有时到梅克夫人的庄园居住，每年还要出国旅行、休养，或是参加音乐活动。

但是随着年龄的增长，柴可夫斯基越来越感到应该有一个自己的家，有一个固定的住所。这个住所要安静，环境优美，空气清新，这样有利于创作和休息。但住所又不能远离莫斯科和圣彼得堡，因为他要经常去这两个城市参加各种音乐活动。

大城市的喧闹是柴可夫斯基不喜欢的，而离莫斯科、圣彼得堡太远又会有许多不便。柴可夫斯基在莫斯科的一份报纸上登了一则租房启事，应征者络绎不绝。进行一番选择比较后，柴可夫斯基终于选中了离克林城2000米，位于赛斯特拉河畔的梅达诺沃村的一处住房。

这里环境优美，住所附近是大片的田野和郁郁葱葱的树林，清澈的小溪从林中流过，给人非常舒适安逸的感觉。这里过去是一处富裕的庄园，如今花园已荒芜，花坛里杂草丛生。住房条件虽不算很好，但这毕竟是他自己的家。能有一个自由自在活动的天地，柴可夫斯基感到很惬意。

新居是一座别墅式的建筑，有好几间卧室，房间很宽敞，光线也很好。住进自己的家，柴可夫斯基感到很温暖、舒服。他为自己安排了规律的作息时间：每天早上7点30分起床，洗漱后就读英文或是其他一些书籍。9点钟散步休息一会儿，然后开始音乐创作。

下午1点钟午餐，饭后散步片刻，然后继续音乐创作。晚8点晚餐，饭后与客人谈天或读书。11点进卧室休息。

仆人阿列克赛很能干，办事也非常细心，他把柴可夫斯基的生活照顾得很好。柴可夫斯基很喜欢、很感激忠心耿耿的阿列克赛。

散步是每天必不可少的事。他看到梅达诺沃村中住着很多贫苦的农民，他们住在矮小阴暗的破房子里，每天辛苦地干活儿，但却吃不饱，穿不暖。但他们并不抱怨，无论男女老少都显得很快乐很满足。柴可夫斯基被这种善于忍耐、坚强而又乐观的精神深深地打动了。

柴可夫斯基还发现，村子里竟然没有一所学校，孩子们都是文盲，不认识字，没有受过教育。

一天，柴可夫斯基又去散步，路上遇到一个10岁左右的小女孩。小女孩盯着他看，他停下脚步问："小朋友，有什么事吗？"

小女孩有些胆怯地问："先生，您就是柴可夫斯基吗？"

"是的。我刚搬来没多久！"

"您是音乐家吗？"

"是的，我是搞音乐创作的。"

"那您能教我唱歌吗？"

"你喜欢唱歌？"

"是的。我喜欢别人教我唱歌，我也想上学校里学认字，学唱歌，可村里没有学校。"

"村里像你这样想上学的孩子多吗？"

"挺多的，前天伊凡家来了一个城里的孩子，谈起上学的事，我们村里的孩子都很羡慕他，我们要是也能上学就好了。"

"好吧，孩子，你现在就陪我散步，我教你唱儿歌。"

"真的吗？太好了！"

"还有，以后你们村里也会有一所小学的。"

"是吗？太好了！柴可夫斯基先生，都说您是一个有本事的大人物。您来到我们村，一定会给我们村带来变化的。"

散步回来后，柴可夫斯基就考虑怎样在村子里办一所小学，满足那些渴望上学孩子的愿望。但他觉得以自己的经济状况，要实现孩子们的这个愿望还是有困难，于是他去拜访村里的一位神父包留勃斯基。

神父见柴可夫斯基来访很高兴。

"欢迎您，柴可夫斯基先生。您能来拜访，我感到非常的荣幸。"

"神父先生，我来拜访您，是想同您商量一件事。"

"什么事？您尽管说。"

"咱们村的孩子都想上学，可村里却没有一所学校。我想为孩子们办一所学校，可又觉得一个人的力量不够……"

"哦，先生，你真是一位仁慈的好人啊！办学校的事我也考虑过，也是感觉到个人力量太微薄，就暂时搁浅了下来。"

"那么我们可以联起手来共同办学吗？"

"可以，没问题。我非常愿意您合作，做成这样一件善事，这样孩子们就有学上了。"

就这样，柴可夫斯基和神父两个人共同出资，村里的乡亲们出力，短短两个月时间，就把学校建立起来了。1886年1月20日这所小学成立了，招收了 28 名男女儿童入学。

开学的那一天，远在莫斯科的柴可夫斯基也赶来参加开学典礼。

柴可夫斯基走上讲台致辞："孩子们，你们盼望已久的学校建立起来了。希望你们在这个学校里努力学习，成为有文化的人。"

这时两个孩子捧着两束鲜花走上前来，把花献给柴可夫斯基和神父。

孩子们齐声说："谢谢你们，谢谢柴可夫斯基先生，谢谢包留勃斯基神父。我们一定好好学习，成为有文化的人，报答两位好心的先生。"

柴可夫斯基看着可爱的孩子们，心中流过一股暖流。之后，他为孩子们上了第一节音乐课。

而在这时，柴可夫斯基的朋友们在私下议论说："这些孩子真有福气，有俄罗斯第一流的音乐家给他们上音乐课。"

"这些孩子里肯定会出音乐家的。"

尼古拉·鲁宾斯坦逝世后，莫斯科音乐界的人士公推柴可夫斯基担任莫斯科音乐学院的院长。可是他谢绝了，因为他不愿让烦琐的行政事务影响自己的音乐创作。可是他却在这小村子里，建起一所小学校。这正是柴可夫斯基不同于平常人的高尚之处。

以后，柴可夫斯基在散步的时候，经常转到学校这里看一看。看到孩子们在齐声朗读课文，或是用心拿笔写字，他就会露出欣慰的笑容，感到自己的努力没有白费，将来孩子们一定会成为有用的人才。

柴可夫斯基搬入新居后，他在莫斯科音乐学院时期的好友尤根逊、卡什金、拉罗什等都来看望过他。他们欢聚了一整天，喝酒、谈天，很开心。

在梅达诺沃，柴可夫斯基着手修改《铁匠瓦库拉》，将歌剧中几场戏的音乐完全重新写过，有些地方删掉，增加了新的唱段，使这部歌剧变得更通俗易懂些，修改以后的歌剧定名为《女靴》。

在梅达诺沃居住的最初两年里，柴可夫斯基还写了交响诗《曼弗雷德交响曲》和歌剧《女巫》，还有一些钢琴曲和浪漫曲，像普希金作词的《夜莺》这首歌就是这一时期写成的。

此时，柴可夫斯基已被推选为俄罗斯音乐协会主席。他还是莫斯科音乐学院的名誉成员。他开始更积极地投入莫斯科的社会音乐生活，不再躲避人们，重新恢复了与斯塔索夫等旧友的交往，加强了与老朋友们的联系。

从1885年起他出席每年莫斯科音乐学院毕业班的考试，参加讨论音乐学院教学大纲和音乐会演出曲目，并参与处理有关组织和行政方面的工作。这期间他促成了塔涅耶夫继尼古拉·鲁宾斯坦之后担任莫斯科音乐学院院长职务。

就柴可夫斯基的天性，他喜欢独处一隅专心创作，但是他又认为参加这些社会活动，为促进俄国音乐事业的发展而努力也是他的责任。他曾提议每一次音乐会都从国外邀请一位新的指挥家或知名音乐家、表演艺术家出席，以扩大俄国音乐界与国际音乐界的交流与合作。

柴可夫斯基与国外许多音乐家有交往，他承担了聘请他们的任务。此后，各国音乐家先后到莫斯科演出，如捷克作曲家德沃夏克、小提琴家加里尔什、歌唱家费尔斯特洛娃－劳杰列洛娃和弗洛良斯基，德国小提琴家布尔麦斯特、女钢琴家孟泰尔，法国指挥家科洛纳、长笛演奏家培方涅尔，苏格兰钢琴家莱蒙德等人都先后来俄国访问演出。俄国乐坛呈现了一片繁荣景象。

一部独特的交响曲

早在 1882 年巴拉基列夫建议柴可夫斯基以英国诗人拜伦的哲理诗剧《曼弗雷德交响曲》为题材写一部交响曲。

巴拉基列夫为柴可夫斯基拟了详细的写作提纲,并附上一个说明:"这个题材除深刻外,还是现实的,因为当今人类的病症正在于他们无法保护自己的理想。理想破灭了,心灵中留下的只有苦痛,没有满足。"

柴可夫斯基不喜欢巴拉基列夫写的提纲,他写信对巴拉基列夫说:"您的提纲令我感到束手无策,既然没有激发起幻想和激情,就不值得去动手写作。"不过柴可夫斯基表示愿意再读一遍《曼弗雷德交响曲》这本书。

拜伦的《曼弗雷德交响曲》表现的是 19 世纪欧洲文学的一个典型主题:才华出众的个人与和他敌对的世界相冲突的悲剧。书中的主人公曼弗雷德生长在山区大自然环境中,他孤独地生活,目睹阿尔卑斯山瑰丽的景色,他觉得自己就像那山峰之巅,虽然控制着周围的一切,但在伟大之中却感到孤寂和悲哀。他探究人生的意义、知识和价值,他苦苦思索而不得其结果地陷入深深的绝望之中。

曼弗雷德与鬼魂、神灵相通，而不与凡人往来。他认为世人都是卑微的，他鄙弃所有的人。他向神灵恳求忘却和死亡而不可得，于是下到阴间，向死去的恋人爱斯塔尔蒂苦苦呼唤，祈求她的原谅和帮助。这个他曾深恋的女子赐给了他死亡。曼弗雷德和地府的主宰阿尔曼进行了顽强的斗争，显示了他高傲不屈的品格，表现了强大的精神力量。

1884年冬，柴可夫斯基为歌剧《叶甫根尼·奥涅金》的排练去了圣彼得堡。这一次他又有机会与巴拉基列夫会面，他们进行了一次长谈，谈到了关于宗教和教堂音乐。巴拉基列夫的话对柴可夫斯基产生了影响。

19世纪80年代中期的柴可夫斯基的思想处于深刻的矛盾之中。面对沙皇政府对一切进步力量变本加厉进行残害的黑暗现实，他感到了压抑。个人理想与严酷命运之间的冲突常常使他感到困惑。与巴拉基列夫的谈话引起了他更多的思考。

由于要去看望患严重肺病生命垂危的学生柯代克，柴可夫斯基匆匆去了瑞士。他没有来得及按照巴拉基列夫的要求再次与其会面和谈话。柴可夫斯基给巴拉基列夫许下诺言，一定去书店买一本《曼弗雷德交响曲》认真阅读，无论如何他会努力实现巴拉基列夫让他以此为题材作曲的要求。

柴可夫斯基来到了瑞士达渥斯。《曼弗雷德交响曲》剧情的发生地阿尔卑斯山的风光使作曲家触景生情。柴可夫斯基日夜守护在生病的柯代克身边，百忙之中挤出时间阅读了拜伦的巨著《曼弗雷德交响曲》，他被这一悲剧故事深深感动。

曼弗雷德苦苦求索不得其结果所带来的绝望和痛苦，还有他在爱的失落和忏悔中所感受的哀伤引起了柴可夫斯基心灵上的震颤。此时巴拉基列夫的愿望已经成为柴可夫斯基本人的愿望，他立即开始了新的交响曲的创作。

柴可夫斯基已对未来的交响曲有了基本构思。他要在《曼弗雷德交响曲》中注入自己的感受。作曲家在巴拉基列夫给他的提纲的边页上写下了补充的标题:"绝望引起的剧痛"、"对罪恶的过去的记忆"、"地狱的强大力量"、"对死去的爱斯塔尔蒂的怀念"、"曼弗雷德的无穷悔恨"。

柴可夫斯基说:

> 曼弗雷德不是一个普通人。我觉得,拜伦以惊人的力量在他身上深刻体现了我们渴望认识现实中的种种难题而又不得其解的悲剧性。

《曼弗雷德交响曲》是柴可夫斯基的很独特的一部交响曲。他曾说,在创作这部乐曲时,他充当了为拜伦的原作画插图的角色。也就是说,这部交响曲在揭示标题时,采用了更具体化的音乐形象,带有图解性,而不像写其他交响曲那样概括性地揭示标题。

整个交响曲由4个乐章组成。柴可夫斯基作了详细的题解:

第一乐章:曼弗雷德在阿尔卑斯山中徘徊。他被生活中的种种难题困扰,陷入深深的绝望之中。对罪恶往事的回忆使他不快活,他体验着心灵的阵痛。曼弗雷德了解魔法的奥秘,他威严地同地狱之魔交往。他梦寐以求的是忘却一切,而地狱之魔以及世界上的任何力量都不能使他如愿以偿。他想起了自己热爱过的已经死去了的恋人爱斯塔尔蒂,回忆咬噬着他的心,使他陷入无穷无尽的绝望之中。

第二乐章:水花四溅的瀑布中升起一道彩虹,阿尔卑斯山仙子向曼弗雷德飞来。

第三乐章：山民们的淳朴、贫穷、自由的生活。

第四乐章：阿尔曼的王国，地狱的群魔聚会狂欢。曼弗雷德出现在酒宴上，恋人爱斯塔尔蒂的阴魂向他召唤。最后得到宽恕，曼弗雷德死去。

柴可夫斯基笔下的曼弗雷德是一个具有强大精神力量的人，在承受复杂的情感冲突而引起的痛苦时，不是悲哀地呻吟，而是表现了要寻找出路，战胜痛苦的顽强意志。这是柴可夫斯基对拜伦的悲剧的独特的处理。体现曼弗雷德的音乐形象感人至深，使人久久不能忘怀。

表现爱斯塔尔蒂的音乐形象主题是温柔的、纯真的、哀伤的，每次这一主题的出现都表现着惊人的魅力。在柴可夫斯基的作品中，歌剧的女性形象、交响曲的抒情主题往往象征着作者所渴望而又无法在现实中获得的幸福和光明。

所有在生活中遭遇过不幸的人们对于难以补偿的遗憾都是束手无策的。他们的痛苦心情无法用语言形容。然而在柴可夫斯基的音乐里得到了准确的表达。在爱斯塔尔蒂主题的优美旋律中，他们伤痕累累的心会得到些许安慰：他们因为爱，才痛苦，这痛苦是真诚的，又是珍贵的。

柴可夫斯基把《曼弗雷德交响曲》献给了巴拉基列夫。1885年9月，柴可夫斯基在给巴拉基列夫的信中说：

> 我满足了您的希望。《曼弗雷德交响曲》完成了……我可以说是毫不间断地为《曼弗雷德交响曲》工作了将近4个月。工作很辛苦，但是非常愉快。在我科学分析稍作努力开始投入工作以后，我醉心其间了……
>
> 我生平从来没有这样努力过，也从来没有因工作而如

此疲惫。交响曲根据您的提纲写成,共 4 个乐章。但请您原谅,我没有能按照您指示的调式和转调,虽然也曾希望如此处理。交响曲用了 B 小调。

1886 年 3 月 1 日,这部交响曲在莫斯科首次公开演出,同年在巴甫洛夫斯克、圣彼得堡、第比利斯和美国纽约演出,演出后都得到高度赞扬,《曼弗雷德交响曲》的成功标志着柴可夫斯基的创作达到了顶峰。

重新拿起指挥棒

1886年，莫斯科大剧院决定上演柴可夫斯基的歌剧《女靴》，由于乐队指挥阿尔塔尼患病，剧院想请柴可夫斯基亲自指挥歌剧的演出。接到剧院的邀请后，柴可夫斯基内心却犹豫不决。

一般情况下，大部分作曲家都可以指挥乐队演奏自己的乐曲，可柴可夫斯基却从来不碰指挥棒。这是为什么呢？原来，在他年轻的时候，有过一次痛苦的经历。

那是在1868年，莫斯科大剧院举行救灾义演，柴可夫斯基创作的一首乐曲也参加了演出。为了使演出获得好的结果，义演的总导演尼古拉·鲁宾斯坦建议柴可夫斯基亲自指挥乐队演奏自己创作的乐曲。

在排练时，柴可夫斯基指挥得很好。他的指挥挥洒自如，乐队在他的指挥下整齐有序地演奏，配合得很好。

"很好，柴可夫斯基，你指挥得很好。乐队在你的指挥下也排练得很好。"尼古拉·鲁宾斯坦对排练的效果相当满意，对柴可夫斯基的指挥也十分认可。

可到正式演出时，却出了大问题。虽然登台前柴可夫斯基丝毫不感到紧张，但一上台心神就十分错乱，当他高高地站在指挥席上时，突然产生了一种奇怪而可怕的幻觉，他觉得他的头马上就要从脖子上掉下来了。为了保住脑袋，他只好右手拿着指挥棒，左手使劲支撑在下巴上，这奇怪的指挥姿势是演奏者们从来没有看见过的，柴可夫斯基一时不知如何是好。

柴可夫斯基十分害怕，注意力完全不集中，他早已经把自己的作品忘得一干二净，摆在面前的总谱看不见了，指挥的手势和节拍错了，乐器的配合也指挥错了。幸好演奏者们对这些曲子已很熟悉，他们只好不再去注意柴可夫斯基打的什么拍子，只是暗暗发笑，并令人钦佩地把这些舞曲演奏到底。

这次指挥失败使柴可夫斯基十分沮丧，他心中十分懊恼。这对他原本是个非常好的机会，他却演砸了。同时，他也十分害怕，似乎他的神经又一次出了毛病。

"你是怎么搞的？在台上指挥像个木头人。"演出结束后尼古拉·鲁宾斯坦责备柴可夫斯基。

"我，我也说不清是怎么回事。只是，只是在台上突然间就不知所措了。"

"你呀，险些把我组织的义演搞砸了。排练的时候不是好好的吗，怎么一到正式演出就乱了套了？"

"对不起，实在是对不起。我也说不清是怎么回事。"

这次可怕的指挥给柴可夫斯基一次沉重打击，从此以后他再也没有拿过指挥棒。

这次又接到指挥乐队的任务，晚上，柴可夫斯基在家里思索着。我应该不应该重拿指挥棒，担任歌剧《女靴》的指挥？如果拿起指挥棒，又出现18年前那可怕的一幕怎么办？可作曲家指挥自己的作品演出，能更好地显现出作品的魅力，因为这是他自己的"孩子"，只有作曲家自己才最熟悉作品，最了解作品。而我却一直没有再指挥乐队演过自己的作品，这是作曲家的大遗憾呢！难道我一辈子就这样遗憾下去吗？不，作为一个把音乐视为生命的作曲家，不应该有这样的遗憾。我要重新拿起指挥棒，重操指挥棒！

柴可夫斯基下定决心，重新拿起指挥棒。当他走到乐队面前，准备指挥他们排练时，心中仍有些忐忑不安，但乐队却向他热烈鼓起掌来。柴可夫斯基这时意识到，现在的自己已经不是18年前的自己了，现在自己已经46岁，人到中年，而且在事业上也有了一定的成绩，得到大家认可了。

想到这儿，柴可夫斯基的信心增强了，他沉稳地将乐队扫视了一遍，然后举起指挥棒，音乐响了起来……

指挥乐队排练很成功，演奏家们都认为柴可夫斯基不但是个好的作曲家，也是个好的指挥家。但柴可夫斯基心里想，正式演出时会怎么样呢？

正式演出的一天来到了。大幕徐徐拉开，观众知道是柴可夫斯基亲自指挥的歌剧演出，他们热烈鼓掌，这更鼓励了柴可夫斯基的信心。他坚定地拿起指挥棒，镇定而潇洒地指挥起来。

演奏家们眼望着柴可夫斯基，随着他的指挥棒自如地演奏着手中的乐器。整个乐队配合得天衣无缝。在柴可夫斯基的指挥下，演出获得圆满成功。

回到家里后，柴可夫斯基给亲人写信，谈到了对这次演出的感受：

> 过去我没有感受过这种喜悦。它是那么强烈，那么不寻常，那么不可言状。如果重操指挥棒的尝试要我同自己作许多艰苦的斗争，如果这种尝试要免去我几年的生命，

那我也绝不惋惜。

因为我体验到了无限的幸福和快乐。听众和演员在音乐会上多次向我表示热情的赞许，这个夜晚给我留下了最甜蜜的回忆。

柴可夫斯基又想到尼古拉·鲁宾斯坦。尊敬的朋友啊，如果你还活着，一定会为我高兴的。我驱除了18年前那次失败的阴影，又重新拿起了指挥棒，而且指挥得很好，以后，我要自己指挥乐队演奏纪念你的那首三重奏乐曲，让你的在天之灵看到我挥舞指挥棒的身影，听到我怀念你的声音。

而评论界对柴可夫斯基的指挥艺术也给予很高的评价。他们认为柴可夫斯基展示了新的才能，他在这次演出上的表现，表明他是一位精通乐理、信心十足的指挥。他不仅精于向演奏者传达作者的旨意，而且善于激发演员与乐队的灵感。

从此以后，柴可夫斯基经常拿起指挥棒指挥乐队，演奏自己创作的乐曲，而且指挥得非常好。这使他的作品更加受到国内外听众的喜爱，也使他杰出音乐家的形象更加完美。

享誉全球的旅行演出

自从得到梅克夫人的经济资助和精神鼓励，柴可夫斯基的音乐创作进入多产期，在10余年的时间里，他创作了几十首各种题材的乐曲，而且质量都很高，绝大多数都是精品。

这些乐曲不仅在俄国受到广泛好评，而且在世界上也流传开来，好评不断。柴可夫斯基的声誉越来越大，他已经成为具有世界影响的音乐家。

1887年12月，柴可夫斯基开始了为期3个月的西欧旅行演出。

1887年12月底，柴可夫斯基来到了柏林。柏林爱乐协会为他举行了隆重的宴会。在那里他见到了18年前他曾迷恋过的女歌唱家黛西莉·阿尔托。已过中年的阿尔托还像18年前那样光彩照人。他们亲热地攀谈起来，重叙昔日友情，感到很快慰。柴可夫斯基和柏林爱乐协会会长谈妥关于2月将在柏林举行音乐会的各项事宜之后，就动身去了莱比锡。

著名的格万豪斯音乐会使莱比锡成为德国重要的音乐中心。柴可夫斯基在莱比锡的东道主是布洛斯基，他与柴可夫斯基是老相识，当柴可夫斯基在莫斯科音乐学院任教时，他早就是教授一辈的人物。

布洛斯基1877年离开莫斯科后在基辅音乐协会工作几个月后长期旅居国外，他在莱比锡音乐学院受到普遍尊敬和爱戴。布洛斯基对柴可夫斯基的音乐有深刻的了解，柴可夫斯基的《小提琴协奏曲》就是布洛斯基第一次演奏的。

柴可夫斯基在布洛斯基家做客时，结识了两个很感兴趣的人物。一个是德国作曲家勃拉姆斯。他身材不高，很健壮，外表看上去很讨人喜欢。柴可夫斯基说"他的漂亮的、几乎是老年人一般的头，令人想起那性格温和、仪表出众的俄国老年神父的头"。

勃拉姆斯有一头长长的、稀疏的白发，灰色的、善良的眼睛，浓密的斑白胡须。勃拉姆斯很朴实，毫无傲慢气息，谈吐幽默，性格开朗，和他相处的几小时给柴可夫斯基留下了很愉快的回忆。

勃拉姆斯当时在德国很有声望，是能与贝多芬齐名的优秀音乐家。但在世界其他国家，如在俄国并不很知名。

柴可夫斯基在写给亲人的信中，这样写道：

在勃拉姆斯的音乐中有某种干巴的、冷漠的、模糊含混的因素使俄罗斯人的心难以接受……

听勃拉姆斯的音乐时，你会问自己：勃拉姆斯是深邃呢，还是故作深邃以掩盖其想象力极端贫乏，而这个问题从未能明确解决。听他的音乐时，怎么也不能对自己说，这种音乐完全没有意思。

勃拉姆斯的音乐的风格始终是高尚的，他像我们全体现代音乐作者一样，从来不追求表面效果，不企图用什么新奇夺目的配器手法使人惊讶；你也从来见不到他有平庸和模仿之处，一切都很严肃、很高尚，甚至显得别致，但在这一切当中没有主要的东西，没有美！

尽管柴可夫斯基不喜欢勃拉姆斯的音乐，但对勃拉姆斯个人却是很敬重的，认为他是"一位忠实、坚毅、富有活力的音乐家"，而且知道"他是一位十分高尚的人，任何一个有机会和他接触的人，都会对他怀有爱重之情"。

勃拉姆斯周围颇有一群信徒。柴可夫斯基正是在勃拉姆斯的圈子里和他接触的，包括布洛斯基和他的妻子、小女儿都是勃拉姆斯派。柴可夫斯基在他们中间虽然感到有些不自在，但大家仍能友好相处，互相尊重。勃拉姆斯对柴可夫斯基很客气、友好。当然他自己能意识到柴可夫斯基并不是他的阵营中的人，因此，他们没有进一步的互相接近。

柴可夫斯基在布洛斯基家认识的另外一个人是挪威作曲家爱德华·格里格。他是个小个子的中年人，体质很弱，一头蓬松的淡蓝色鬈发，胡须稀松，生有一双特别吸引人的蓝眼睛，闪烁着天真幼稚的迷人目光。

爱德华·格里格一下子引起了柴可夫斯基的好感，他早就被格里格的音乐征服。柴可夫斯基对自己的朋友说："格里格的音乐充满了动人的浪漫气息。挪威的大自然有壮伟之处也有清幽之处，它始终能触动北方人的心弦，而格里格的音乐就反映了这种大自然的美。在格里格的音乐中有某种与我们相近的、立刻在我们心中得到热切呼应的东西。"

柴可夫斯基尤其赞赏的是格里格音乐的朴实，觉得他的音乐亲切、易于了解，他认为，写这音乐的人是一心愿意用音响来表露一个诗意盎然的人所怀有的丰富感觉和情绪。

格里格当时已在世界知名，他的作品在许多国家的音乐会上经常演出，受到人们的喜爱。柴可夫斯基和格里格一直保持着很好的友谊。1888年，柴可夫斯基曾将幻想序曲《哈姆雷特》题献给格里格。

　　格里格的夫人也参加了这次聚会。她的外貌与格里格有相似之处，也是小个子，体质弱，长得讨人喜欢。她是位优秀的歌手，同时又很博学，她熟悉俄罗斯文学。她善良、朴实、天真、宽厚，她和格里格是很好的一对。

　　布洛斯基还有一位客人，英国女作家史密斯小姐。她的作品一向以风格严谨著称。她在莱比锡已居住多年，也是勃拉姆斯的崇拜者。

　　柴可夫斯基与这一行人一起去参加格万豪斯音乐会。格万豪斯音乐会一向以卓越的第一流的交响乐队知名，以保守的古典流派著称。这种流派，除推崇海顿、莫扎特、贝多芬三位古典大师及同时代人以外，对当代在世界上已很有影响的瓦格纳、柏辽兹、李斯特等音乐家的作品都不接受。后来逐渐有所改变，开始允许一些现代的作品上演。柴可夫斯基的作品能列入格万豪斯音乐会的曲目，是柴可夫斯基很大的荣誉。

　　在格万豪斯音乐大厅，柴可夫斯基坐在供指挥专用的包厢里。在这里就座的还有莱比锡音乐界各方面的杰出人士。过来和柴可夫斯基打招呼的来宾络绎不绝，使他有点应接不暇。音乐会上演奏的曲目有贝多芬的《第五交响曲》，勃拉姆斯新近创作的小提琴、大提琴双重协奏曲，还有唱诗班无伴奏演唱的巴赫的一首赞美诗。格万豪斯大厅的音响设备是一流的，所有的演出都获得极佳的效果。

　　几天以后，在这里举行了柴可夫斯基的作品音乐会专场。柴可夫斯基指挥德国一流的乐队演奏自己的作品，他对德国乐队感到非常满意。演出获得了极大成功，到场的音乐家们都来向柴可夫斯基祝贺。音乐会结束后，格万豪斯乐园的指挥兼剧院经理为柴可夫斯基举行了晚宴，以表示对他的热烈欢迎和祝贺。

莱比锡的活动结束以后,柴可夫斯基来到德国汉堡。在这里举行了他的作品音乐会。他指挥演奏了《第一钢琴协奏曲》《弦乐小夜曲》和《第三组曲》,演出赢得了观众经久不息的热烈掌声。

汉堡爱乐协会主席对柴可夫斯基的音乐给以热心的关注,非常欢迎他,对他抱有极大的好感,希望柴可夫斯基能来德国定居。过了不久,柴可夫斯基把自己的《第五交响曲》题献给了这位老音乐家。

1月底,柴可夫斯基返回柏林,在柏林举行了个人作品音乐会。音乐界的杰出人士都来参加他的演出排练。格里格和汉斯·封·布洛夫等人从莱比锡专程前来听他的排练。音乐会的演出曲目有幻想序曲《罗密欧与朱丽叶》《降 B 小调钢琴协奏曲》《第一管弦乐组曲》中的第一乐章、《第一弦乐四重奏》中的《如歌的行板》《1812年序曲》。音乐会进行中,观众的热情空前高涨。

柴可夫斯基在德国旅行演出期间,得到了来自祖国的消息说,亚历山大三世批准赐予他 3000 卢布的终身年金。

结束在德国的演出后,柴可夫斯基应邀赴布拉格指挥音乐会。在布拉格车站,人们为他举行了盛大的欢迎仪式,并用最高级别的宴会来招待他。柴可夫斯基在布拉格举行的两场音乐会盛况空前。他非常喜欢那些心地善良的热情的捷克人,同时他也很清楚,捷克人所表现的热情不仅是出于对他个人的尊敬和热爱,而且也是为了表示对俄罗斯的敬意。

作曲家安东尼·德沃夏克登门访问了柴可夫斯基,两位作曲家谈得很投机,德沃夏克把自己的《第二交响曲》的总谱赠送给了柴可夫斯基。在布拉格度过的快乐日子是柴可夫斯基永生难忘的,他乘着堆满鲜花的列车恋恋不舍地离开了布拉格。

柴可夫斯基旅行演出的下一站是巴黎。

柴可夫斯基的到来，轰动了巴黎。巴黎人热情、真诚地欢迎他。2月21日，柴可夫斯基的音乐会在夏特莱剧院首场演出。这一天，天气和暖宜人，人们潮水般涌向剧院，大厅内座无虚席，在包厢坐着的有格里格，在场的还有古诺。

东道主著名指挥家科洛纳恭敬地将柴可夫斯基请上台。柴可夫斯基登上指挥台时，最初感到有点心慌，面色略显苍白。当他举起指挥棒，示意乐队开始演奏时，看到巴黎乐手们专注的神情，指挥家的神圣感立刻镇定了他刚才有点慌乱的神经。他已充满信心。他的指挥棒像在空中飞舞，《弦乐小夜曲》的柔美旋律迷住了在场的巴黎人的心。

对柴可夫斯基的指挥演出，观众报以震耳欲聋的掌声，乐队不得不把《弦乐小夜曲》中的华尔兹舞曲重奏了一遍。柴可夫斯基在夏特莱剧院指挥演出了两场音乐会，每场都受到极其热烈的欢迎。他的卓越演出向法国公众显示了俄罗斯高超的音乐艺术。

在法国经销柴可夫斯基作品的费利克斯·马卡尔也举办了柴可夫斯基的作品音乐会。在这个音乐会之后，柴可夫斯基举办了俄罗斯作曲家作品音乐会，指挥演奏了格林卡、达尔戈梅斯基、谢洛夫、鲁宾斯坦、巴拉基列夫、里姆斯基·科萨柯夫、格拉祖诺夫、里亚多夫、阿巴斯基等俄国音乐家的作品。

这个举动是柴可夫斯基在动身来西欧以前与里姆斯基·科萨柯夫、里亚多夫、格拉祖诺夫预先策划好的。柴可夫斯基希望法国以及全世界都能了解和熟悉俄罗斯音乐的美，他愿意通过传播俄罗斯作曲家作品的方式为俄罗斯艺术作出自己应有的贡献。

柴可夫斯基被淹没在巴黎的浪漫和热情里。在巴黎停留期间，他参加了不少的沙龙音乐会。在他的邀请人科洛纳举办的沙龙音乐会上，演奏了自己的作品。这次音乐会有许多音乐界知名人士参加，如古诺、马斯奈等。几乎每天都有人为欢迎柴可夫斯基设宴或举办音乐晚会,在巴黎的俄国使馆也为来自祖国的音乐使者举行了庆祝宴会。

离开巴黎后,柴可夫斯基来到伦敦。在伦敦皇家爱乐协会举办的音乐会上,柴可夫斯基指挥演奏了《弦乐小夜曲》和《第三组曲》中的《主题变奏曲》,听众热烈欢迎的程度是他始料未及的,他曾不得不谢幕3次。

绅士风度又内向的英国人很少表现如此的狂热。伦敦爱乐协会为他举行了宴会。柴可夫斯基的作曲和指挥都受到伦敦评论界的一致推崇。

3月末,柴可夫斯基结束了旅欧演出载誉而归。这次旅欧巡回演出历时近4个月。通过在欧洲数国的音乐活动,柴可夫斯基结识了许多音乐界的新朋友,进一步了解了访问国家的音乐,也向这些国家介绍了俄国音乐和自己的音乐,这对世界音乐的发展,起到了积极的推动作用。

矛盾的《第五交响曲》

　　在柴可夫斯基出国旅行演出期间，他的仆人阿列克赛依照他的吩咐，已经把他的家从梅达诺沃搬进了克林郊外的伏罗洛夫斯克密林深处的一个安静的庄园。

　　这里杳无人迹，环境幽雅，"弥漫着古旧的气息"。穿过密林是一望无际的俄罗斯中部平原。这里的环境在他看来，比瑞士、法国、意大利的一切美妙景色都更使他喜欢。

　　新迁的住房比在梅达诺沃的房子稍微小点。他非常喜欢这个住所。他用了许多时间在花园里养了各种花草，经他精心修饰过的花园已显得一片生机勃勃。

　　在自己的家里，柴可夫斯基从事自己最喜爱的工作，那就是作曲，这是他最大的快乐。

　　他在给梅克夫人的信中说：

　　　　我从现在起要努力工作一番。我不仅要向别人证明，而且也要向自己证明……

　　　　如果我再活10年或者20年，这一天终会到来的，我怎样才能知道这样的时刻什么时候降临到我头上呢？

我不记得是否告诉过你，我决定要写一部交响乐。开始写的时候，似乎很不容易，但现在灵感已经来了……

就这样，在新的住所，柴可夫斯基用了不到两个月时间完成了 E 小调《第五交响曲》的草稿。

19 世纪 80 年代后期，正值生命辉煌阶段的柴可夫斯基已经是享誉欧洲，甚至是世界知名的伟大音乐家，但他在内心深处却仍然经历着深刻的矛盾冲突。

国内政治生活的阴暗使他感到苦闷。他曾希望沙皇政府实行改良政策，他曾经对资产阶级自由派也抱有幻想，但是他失望了。社会生活和个人命运的悲剧性也许是不可改变的。

柴可夫斯基一直在苦苦寻找着他自己的人生真谛而不可得，他在日记中写道：

生命在流逝，并且逐渐走向终点，而我却百思不得其解，我在驱赶厄运，如果它出现，我就回避，我是这样生活的吗？我这样做对吗？是正确的吗？

实际上，柴可夫斯基既无法驱赶，也无法回避。而他对人生光明美好的渴望从来没有泯灭，对俄罗斯的未来也还抱有很大的希望。正是带着这些矛盾的心情，柴可夫斯基着手开始构思《第五交响曲》。

诚然，《第五交响曲》像《第四交响曲》一样，是带有自传性质的。不过，作为一个现实主义艺术家，柴可夫斯基所描述的绝不仅仅是自己的生活经历。他要表达的是他那个时代人们的情感和想法,他所反映的是那个时代人的哀痛、欢乐和难解的彷徨。

《第五交响曲》最大的特色就是贯穿始终的"命运"主题。"命运"是个难以琢磨的念头,一种抑郁的自我意识,它起着全曲的主导作用。

如俄国一位音乐评论家伊·格列包夫所说:

> 在《第五交响曲》中,可以感到一种经常的愿望和追求。它是永不休止的,激动不安的。不过,它又是受束缚的,不自由的……敌人不是"命运",敌人不是外在的环境,而是在自身之中,在自己的"我"里逐渐削减人的生活意志。

《第五交响曲》第一乐章开始时的"命运主题",凄凉、哀伤,表现了一个人抑郁、悲愤的心境和对人生的悲哀思考。这个乐章中的第二主题则是充满了对生命的渴望的抒情音调。作曲家是在暮春时节在伏罗洛夫斯克村创作这部交响曲的。

冰雪融化了,美丽如画的乡野,林木碧绿的小丘,明朗的月夜,盛开的铃兰……柴可夫斯基把大自然美景所焕发的充满诗意的抒情,真实地表现在乐曲之中。

第二乐章是柴可夫斯基的抒情杰作之一。它从多方面揭示了主人公的内心世界。圣歌曲调的第一主题表现了主人公的苦思冥想,然后出现激动人心的明朗抒情的第二主题,让人感受到俄罗斯大自然的清新气息。

柴可夫斯基曾说过,他并不信奉什么宗教教义,但却崇尚宗教的神圣和虔诚。他认为神和大自然是可以融为一体的。

乐曲的开始被阴暗的影子笼罩着,然后出现了温暖、明朗的抒情主题。它和第一乐章的那个悲剧形象形成鲜明的对比。光明和黑暗这两种力量反复发生矛盾。

在第二乐章结束时，优美动听的光明主题又回来了。作曲家坚信，无论损失多么惨重，对生活的信念一定要坚定，对美的向往永远不能停止。

第三乐章是用圆舞曲音乐写成。表面上感觉华丽，无忧无虑，但"命运"主题却深深隐藏其间，表现在舞会面具的掩盖下人们内心的焦虑。失望、害怕、恐惧的阴影时而破坏着欢乐的气氛。

第四乐章中"命运"主题庄严隆重地展开，犹如盛大的游行，时而斗志昂扬，时而悲伤哀怨。这是一个最矛盾、最不平衡的乐章，像是充满了不寻常的、不安的探索，虽然没有收获，但也还充满希望。反映了作曲家当时渴望寻求到一种可以把人们带领到幸福之路的积极力量，但却又屡次失败的心境。柴可夫斯基晚年所有的重大作品的构思中，都留下了这种深刻的内心矛盾的痕迹。

末乐章不再有生气勃勃的形象，但也没有消极向命运低头的音乐效果。用庄严的胜利的行进预告人类必须战胜命运，扫清一切阻挡前进的障碍。

最后，《第五交响曲》有一个坚毅的结局，表明柴可夫斯基仍在为创作积极的乐观主义的音乐而奋发努力着。

1888年10月，《第五交响曲》的总谱由柴可夫斯基的朋友尤根逊的出版社隆重出版。1888年11月5日在圣彼得堡爱乐协会的音乐会上，柴可夫斯基指挥了《第五交响曲》的首次公演。

11日在俄罗斯音乐协会的音乐会上，柴可夫斯基第二次指挥演奏。稍后，又在布拉格演出了《第五交响曲》。几次演出都受到听众的热情赞美。然而评论界的反应却是不一样的。

柴可夫斯基本人也开始对自己的这部新交响曲挑剔了起来。

11月底，当柴可夫斯基回到伏罗洛夫斯克的家中给梅克夫人写信说：

在我的新交响曲演奏之后，我已看出这部交响曲是不成功的……昨天晚上我又翻看了一下《第四交响曲》。《第四交响曲》比这部好很多。真的，这真是个令人伤心的，而又不得不承认的事实。

12月上旬，柴可夫斯基在莫斯科指挥演奏了《第五交响曲》，演出进行得很顺利。评论界也给了很高的评价，但柴可夫斯基本人对乐曲仍不是很满意，他还在孜孜不倦地修改着，直至自己满意为止。

第二次赴欧旅行演出

在《第五交响曲》完成没多久之后,柴可夫斯基根据莎士比亚的作品创作了幻想序曲《哈姆雷特》。他将这首乐曲题献给他喜爱的著名挪威作曲家格里格。

1888年11月17日,柴可夫斯基在圣彼得堡指挥演奏《第五交响曲》的同时,也指挥演奏了幻想序曲《哈姆雷特》。紧接着,为了歌剧《叶甫根尼·奥涅金》和《第五交响曲》的演出,柴可夫斯基去布拉格作了一次短暂访问。

1889年年初,柴可夫斯基迎来了他的第二次赴欧洲旅行演出。1888年年底他接到了许多来自国外的邀请函。对于这些邀请,他不好意思拒绝,也觉得不应该拒绝。当时他在给朋友尤里娅·彼得洛夫娜的信中说:"我心里想到的不仅仅是我手下正在写的这几行乐谱,我心里还装着整个俄罗斯音乐!"

柴可夫斯基把向世界传播俄罗斯的音乐看成是自己的责任。美誉和荣耀对他自己毫无吸引力。依他的孤僻天性,他习惯于一个人埋头工作,不想与外界有任何往来。在生人面前他总是很害羞,这使他不能适应社交界热闹的生活。

出国访问演出虽然能够让他在全世界享有盛誉，也给俄国带来荣誉，但他为此付出的代价也是巨大的：他必须牺牲时间、健康、金钱。

柴可夫斯基一生唯一喜欢做的一件事就是作曲。动荡不定的旅行生活使他不得不停止自己的音乐创作。从青年时代就有的神经症状经常发作，疲于奔命的演出、访问和社会活动对他的体力消耗是极大的。

从经济上算，柴可夫斯基的付出也是大于得到的。要是没有政府3000卢布的津贴和梅克夫人的资助，他是无法支付旅行演出数目不小的费用的。但是，这一切已经不能成为他拒绝出访演出的理由了，现在的柴可夫斯基已经是身不由己了。

1889年2月初，柴可夫斯基赴欧洲做第二次旅行演出。他先到了德国，在科隆、法兰克福、德累斯顿、柏林、莱比锡和汉堡都进行了成功的演出。

在柏林，他再次与阿尔托相见。阿尔托在自己的住所举行晚宴招待柴可夫斯基。作曲家在柏林逗留的几天，在他所到之处，都由阿尔托陪同。他们依然友好地相处，互相怀有美好的情感。

离开柏林的前一天，柴可夫斯基出席了德国音乐家卡尔·克林德沃斯为他举行的欢送晚宴。柴可夫斯基也邀请克林德沃斯去俄国参加下一次的俄罗斯音乐协会组织的音乐会。他同时还邀请了德沃夏克、勃拉姆斯。柴可夫斯基的《第五交响曲》在汉堡的演出得到了巨大的成功，这是使他最感欣慰的一件事。

柴可夫斯基从德国又去了巴黎和伦敦。在巴黎出席了几次音乐会的排练，观看了由科洛纳指挥排练的《第三组曲》中的《主题变奏曲》，欣赏了音乐会的演出。他还在巴黎歌剧院欣赏了古诺的《罗密欧与朱丽叶》和拉罗的歌剧《伊斯国王》，他对演出非常认可。

柴可夫斯基还在巴黎拜访了音乐家马斯奈,并邀请他赴莫斯科指挥音乐会。

柴可夫斯基在伦敦指挥演奏了《降 B 小调第一钢琴协奏曲》和《第一管弦乐组曲》。在伦敦的几场音乐会受到观众的热烈欢迎,进一步提高了柴可夫斯基在英国的声望。

在欧洲旅行演出的日子里,柴可夫斯基几乎每一天都在想家,甚至从踏上异国土地的第一天起,就开始期待着归程。他心中有太多的牵挂了,因为那里有他的乐曲、他的排练,还有圣彼得堡、莫斯科许多待他处理的事情……

4 月下旬,柴可夫斯基终于回到了俄罗斯。他先在第比利斯小住后,5 月来到了圣彼得堡。这年 7 月是安东·鲁宾斯坦从事音乐事业 50 周年,柴可夫斯基当选为纪念活动筹备委员会委员。为了这一纪念活动,他创作了两首乐曲,一首是根据波隆斯基的词谱写的合唱曲《致安东·鲁宾斯坦》,另一首是《降 A 大调钢琴即兴曲》。

歌剧《叶甫根尼·奥涅金》9 月 30 日再度在莫斯科上演,柴可夫斯基亲自指挥首场演出。这次演出,场面十分壮观。演员表演得也非常出色,他感到十分满意。在莫斯科暂住期间,柴可夫斯基拜访了契诃夫。契诃夫将短篇小说《忧郁的人们》献给了柴可夫斯基。

接下来,柴可夫斯基在莫斯科又指挥了两场音乐会后,匆匆忙忙赶到了圣彼得堡。他又为安东·鲁宾斯坦的纪念活动忙碌起来。12 月 1 日,在庆祝安东·鲁宾斯坦从事音乐事业 50 周年圣彼得堡俄罗斯音乐协会举办的音乐会上,柴可夫斯基担任了指挥。

在纪念会的音乐演出会上,演奏的都是恩师安东·鲁宾斯坦的作品。指挥别人的作品比指挥自己的作品要费力得多,这个音乐会后，柴可夫斯基已经感到很疲倦了。

第二天，柴可夫斯基又做了一次更为艰难的指挥，在安东·鲁宾斯坦的另一个专场音乐会上指挥了由700人组成的合唱团的演唱。演唱的是以《圣经》为题材的清唱剧《通天塔》。

半个月的紧张繁忙使柴可夫斯基感到自己一直在像个陀螺似的，不停地转。这些都是他并不喜欢但又不得不去做的事情。

纯情妩媚的《睡美人》

《睡美人》讲述在18世纪,国王弗罗列斯坦的宫中原本充满了生机和活力,国王夫妇与他们的爱女奥罗拉公主幸福地在此生活着。而现在这里却是一片死寂:宽大的房间里没有一点活力,灰尘、蜘蛛网遍布了各个角落。奥罗拉沉睡在一张大床上,脸上带着僵硬了的笑容。

国王和王后躺在女儿的对面,哀伤与愧疚的心情深深地刻在了他们的脸上。100年前,因为国王他们的疏忽得罪了凶恶的卡拉波斯魔女,魔女迁怒于善良的公主,故意让她在此沉睡……

最后,英俊的杰齐林王子来了。杰齐林兴奋地奔到公主床前,仔细地端详着奥罗拉美丽的脸庞。她是那么动人,杰齐林不禁俯下身子,深情地在公主的前额上轻轻地吻了一下。

顿时,天地间响起了雷鸣般的响声,魔女的魔法被杰齐林王子解除了,公主奥罗拉眨动着水汪汪的大眼睛慢慢地坐了起来。王宫又被灯火照得通亮,所有在场的人都苏醒过来了,他们热烈拥抱,欢呼雀跃,庆祝黑暗的日子终于过去了。英俊潇洒的杰齐林王子恭顺地走到国王和王后面前请求他们将漂亮公主嫁给他,奥罗拉的双亲欣然答应。在辉煌而温和的气氛中，王子与公主幸福地结合在一起……

法国作家培罗的童话《睡美人》面世以来一直是人们百读不厌的故事，这个光明战胜黑暗、爱情战胜邪恶的美丽故事一直激励着艺术家们，使他们产生一种创作冲动：他们喜欢把它搬上舞台，让观众从更直接的视听感受中来欣赏它。然而因为它太通俗了，人们对它是那样的熟悉，这便给改编工作带来了许多的麻烦与不便。

1829年4月，巴黎歌剧院上演过一部《睡美人》，就由于这种原因而未能经久地流传下来。

1890年，当沉睡了60年之久的《睡美人》终于在俄国芭蕾舞台上重新醒来时，人们无比地窃喜，这种窃喜绝不亚于杰齐林吻醒奥罗拉后整个王宫中群臣的兴奋。然而这一次使《睡美人》复活的不再是杰齐林那深情的一吻，而是俄国作曲家柴可夫斯基与"俄国芭蕾奠基人"马留斯·彼季帕的心血与功劳。

1877年，舞剧《天鹅湖》初演效果不是很好，柴可夫斯基将失败归咎于自己的音乐。尽管我们现在把它当作柴可夫斯基谦虚的美德来赞扬，而在当时却实实在在是他对于自己创作舞蹈音乐能力的一种怀疑与不认可。天生脆弱的柴可夫斯基不愿再次面对失败，他于是确信舞剧不是自己擅长的领域，失去了再次谱写芭蕾舞剧音乐的勇气和信心。

然而，俄罗斯马林斯基剧院博学多才的院长符谢沃洛吉斯基却没有忘记《天鹅湖》那迷人的主题。

1888年5月，他热情地邀请柴可夫斯基为自己选定的剧本作曲："我已经将培罗的童话《睡美人》改成了舞剧台本，希望你能为它写芭蕾音乐……"

受到院长的盛情邀请，柴可夫斯基非常感动，而在他读完《睡

162 俄罗斯之魂柴可夫斯基

美人》的剧本后，这种感动化为创作激情，他心里已经熄灭的写作芭蕾音乐的灵感又重新开始燃烧起来。

1888年第一次西欧旅行演出的成功，给柴可夫斯基带来了无比的喜悦，他快乐的心情以及此时的创作冲动使得他愉快地接受了《睡美人》的创作。

8月，柴可夫斯基给符谢沃洛吉斯基写信说：

> 你的剧本使我着迷，激起了我的创作热情，构思一个接着一个地在我脑中涌现，我想自己一定能写出你所期待的好音乐。

这时候的柴可夫斯基不是盲目的自信，1888年12月，他开始着手创作，仅仅过了不到3个月的时间，这部3幕芭蕾舞剧就已经全部草拟出来了。

尽管1889年整个春天，柴可夫斯基都在欧洲忙碌着参加巡演，但他却始终惦记着还未创作成功的《睡美人》。为了使《睡美人》能够在1890年年初的首演中如期举行，柴可夫斯基第二次西欧旅行演出一结束就连忙返回俄罗斯。他回到伏罗洛夫斯克自己的家中，愉快地将全部精力投入到《睡美人》的创作中。

这时候，柴可夫斯基写信告诉梅克夫人：

> 我的舞剧很快即可全部完成，相信这将是我一生中最好的作品。主题非常富有诗意，我正埋头工作，我的灵感一定要在音乐中反映出来。当然，配器可能难了些，但我预期乐队的演出效果一定会很出色。

尽管柴可夫斯基在谱写的过程中遇到了一些麻烦，可是凭着他的灵气与博采众长，他还是很自如地应付了过去。

8月28日，柴可夫斯基终于完成了《睡美人》三幕的全部创作。

第一幕，童话中的国王弗罗列斯坦与王后正在为奥罗拉公主庆贺16岁的生日。来自各国的王子向美丽的公主求婚，在《花之圆舞曲》的伴奏下，公主翩翩起舞。客人中还有花神、物神等10多位仙女，唯独没有请魔神卡拉波斯。

卡拉波斯乘坐老鼠拉的车子闯入大厅，对美丽善良的公主发出了诅咒：公主在玩纺锤时被碰伤，昏睡100年。之后，没多久公主就不幸中了咒语，王宫所有人都随之沉睡。若干年后，王宫成了一座静寂的森林。

第二幕，100年后，年轻的王子杰齐林在紫丁香仙子的引导下，来到昔日王宫所在的森林，亲吻沉睡中的公主，表达自己对公主的无限爱慕之情。王子的吻解除了魔神卡拉波斯的魔咒，整个沉睡的王国瞬间都醒了过来。

第三幕，王子与公主举行热闹的婚礼。仙子们、童话中的人和动物纷纷登台表演舞蹈，婚礼成了狂欢节。最后，是新婚夫妇的双人舞及全体来宾热烈的玛祖卡舞。

在柴可夫斯基众多的作品中，《睡美人》是他非常喜爱的作品之一，这种喜爱不仅因为《睡美人》是他力求将戏剧性标题交响乐的写法运用到舞剧音乐创作中去的一种尝试，更因为《睡美人》的创作从剧本写作到音乐、编导是一个十分愉快的合作过程。

舞剧由杰出的俄罗斯舞剧编导马留斯·彼季帕主持上演，他细致地探究柴可夫斯基的构思，遵循他的意图。舞剧艺术的革新者彼季帕同舞剧旧观点进行斗争，他了解舞剧演出中的主导因素应该是作为人类感情表现手段的音乐，而舞蹈却是应该从属于音乐的。

柴可夫斯基力图用交响音乐的成就充实舞剧，他善于创造雄伟的音乐画面，这些都完全符合彼季帕的意愿。人们有理由相信，《睡美人》的演出将是舞台剧史上的转折点。

1890年1月15日，圣彼得堡马林斯基剧院正式上演了《睡美人》。亚历山大三世也出席观看了《睡美人》的盛大演出。《睡美人》的音乐极富交响乐特色，又有鲜明的舞蹈性。舞剧洋溢着节日欢庆的热闹气氛，场面辉煌华丽，非常吸引观众。

但是，当演出结束亚历山大三世接见柴可夫斯基时，这位自诩为"芭蕾保护者"的君主只不过毫无热情地说了声"很好"，就再也吐不出什么赞词来了。

这使得脆弱的柴可夫斯基的感情深受伤害，他在日记中写道："沙皇陛下用非常轻慢的态度对待我，愿上帝保佑他吧！"

公演结束后评论家们的评论也并不都令柴可夫斯基满意，他们对《睡美人》褒贬不一。

一位尖刻的评论者说："这不是芭蕾，而是关于一个魔鬼的故事。音乐的色调太深太重了。"

而另一位赞美者却说："总谱里充满了美妙的旋律，音乐发出了银白色的柔和的光芒。顺着这优美的音乐波浪，人们仿佛进入了一个幻想的仙女世界。"

柴可夫斯基的朋友拉罗什评论说，《睡美人》的上演是剧院的"一颗璀璨的珍珠"，而音乐是"柴可夫斯基创作中的一颗珍珠"。拉罗什指出，这部舞剧具有鲜明的民族属性，因此称之为"俄国味的法国童话"。

尽管评论家们的意见纷纭，莫衷一是，但《睡美人》却未因此再次沉睡过去，她一直活跃在世界芭蕾舞坛上，并一跃而为俄国芭蕾的一部经典著作。今天，在我们看来，不管怎么说，《睡美人》的首演都是一次巨大的成功。柴可夫斯基与编导大师的心血没有付诸东流。

悲壮凄美的《睡美人》醒了，并将永远不再睡去……

神秘诡异的《黑桃皇后》

创作《黑桃皇后》的主张,正像创作舞剧《睡美人》的主张一样,出于符谢沃洛吉斯基。他是位饱学之士,艺术的行家,柴可夫斯基作品的热烈拥护者。

《黑桃皇后》的主人公盖尔曼爱上了莉莎,她是一个很富有的伯爵夫人的孙女。尽管莉莎也爱着盖尔曼,但莉莎却不可能成为他这既无金钱又无权势的落魄人的妻子。爱情的痛苦加上人格受屈的羞辱在折磨着盖尔曼。他不甘心放弃自己的爱情幸福,更不能向富有的艾列茨基公爵——这个莉莎所不爱的人让步。

一个偶然的机会使盖尔曼得知,伯爵夫人握有3张神秘的纸牌,只要掌握了这3张具有魔力的纸牌,就能在赌场上赢钱。盖尔曼朝思暮想,一心想要得到伯爵夫人心爱的秘密宝物。他想,只要得到了这3张纸牌的秘密,他就可以发财了,也可以和他心爱的莉莎一起躲离周围的人们了。

最初,这3张纸牌对于盖尔曼只是一种用以打通幸福之路的手段。可是后来他的心理逐渐发生了变化,金钱的诱惑征服了他。赌博的侥幸心理压倒了对爱情的渴望,他已接近疯狂。莉莎也已经意识到，她的情人要的不是她，而是纸牌的秘密，要的是金钱。

顿时，莉莎陷入了绝望。盖尔曼得到了这3张神秘的纸牌后，就把莉莎搁在了一边，急急跑向赌场，而当第三张牌赌输时，盖尔曼承受不住这个打击，以自杀的方式结束了自己的生命。

早在几年以前，符谢沃洛吉斯基就曾建议柴可夫斯基根据《黑桃皇后》的题材写一部歌剧，但当时柴可夫斯基正热衷于写作《第五交响曲》《睡美人》以及长期赴西欧旅行演出，而且柴可夫斯基本人并不喜欢普希金这部小说的主人公。所以《黑桃皇后》的创作就这样被搁浅着。

可是符谢沃洛吉斯基并未放弃在马林斯基剧院演出歌剧《黑桃皇后》的念头，并已经约请柴可夫斯基的弟弟莫代斯特写作脚本。而莫代斯特当时已经是相当有名的剧作家了，他的剧作在圣彼得堡和莫斯科剧院上演都获得了很好的评价。

符谢沃洛吉斯基再次约请柴可夫斯基为歌剧《黑桃皇后》配乐。这时已经是1889年秋末，《睡美人》首次上演前不久。

柴可夫斯基阅读了脚本，认为剧本写得很到位，于是欣然接受了这个任务。普希金小说中令柴可夫斯基不喜爱之处在脚本中有了修改，这样的处理对柴可夫斯基来说，是他乐于接受这部歌剧创作的决定性因素。

在上演《睡美人》以及经常旅行演出后，柴可夫斯基感到非常的累，他渴望再度回到创作上来。

1890年1月，柴可夫斯基来到佛罗伦萨，沉湎于《黑桃皇后》的创作中。在谱曲的过程中，柴可夫斯基越写情绪越高，并像发连珠炮似的向莫代斯特提出一个个脚本修改的要求。在高涨的创作热情激励下，柴可夫斯基只用了44天便完成了对《黑桃皇后》的音乐创作。

柴可夫斯基的歌剧与普希金的小说大有区别。普希金的《黑桃皇后》中，金钱对盖尔曼来说是目的，而莉莎则是获取金钱的一种手段；而在柴可夫斯基的歌剧中，盖尔曼的目的是莉莎的爱情，赢钱意味着与心爱姑娘结婚的可能。

正是为了强调盖尔曼获得莉莎的爱情是如何不易，作曲家和脚本作者把莉莎从一个穷学生变成一个大家闺秀、伯爵夫人的孙女、公爵的未婚妻。

创作《黑桃皇后》的热情对柴可夫斯基来说是很少有过的。他说："我兴奋地、忘我地写作，将我的全部心力放到这部作品上。"

从柴可夫斯基的许多言谈中可以看到他全身心地与他所创作的歌剧融汇在一起，和剧中人物共同思考和感受。

柴可夫斯基曾说过，当写伯爵夫人卧室一场时，他感到"恐惧和颤抖"，以致久久不能摆脱这一印象，而当写到盖尔曼之死一段时，他因为怜悯剧中人物而痛哭了。

柴可夫斯基承认说：

盖尔曼对我来说不仅是写某一段音乐的前提，而且始终是真正的、活生生的人，并且是我十分同情的人。

我以之前未曾有过的兴致写这部歌剧，生动地体验和感受歌剧中的事件，并希望我的创作的兴奋、激情和兴致能在富于同情心的听众的心中得到呼应。

从柴可夫斯基的这些自白中可以看出，《黑桃皇后》的思想和形象是怎样地使他激动，而他又是以怎样的激情创作这部优秀歌剧的。

柴可夫斯基在《黑桃皇后》里，像在他的许多作品中一样，展现了人们与黑暗邪恶势力作斗争的勇敢精神。在这部歌剧里，掌握3

张扑克牌秘密的老伯爵夫人就是给盖尔曼带来厄运的邪恶势力，刻画邪恶势力的主题贯穿着整个歌剧。

托姆斯基的叙事歌叙述了老伯爵夫人年轻时就知道始终能赢钱的那3张牌的秘密，这个故事使盖尔曼产生了能借此发财的想法。在盖尔曼的意识中，对莉莎的爱情很快就和掌握3张牌的念头交织在一起，然后又在这纠缠不休的思想里挣扎着。

与盖尔曼和莉莎的爱情相联系的光明形象是黑暗形象的强烈比照，而黑暗形象是刻画盖尔曼注定灭亡的伏笔。爱情主题在不同场合下出现，表现得不尽相同。

在第二场中，当主人公感情充分揭示时，爱情主题听起来最为鲜明有力；在最后一场，当莉莎和盖尔曼已经死亡，继安灵合唱后，乐队中最后一次响起了爱情主题，仿佛是道出了作曲家深藏在内心的思想：爱比死强。

老伯爵夫人的形象在歌剧中具有巨大意义。一方面，她是个古怪的老妪，衰亡一代的代表者。她破坏了孙女的生活，对周围的人和仆人们颐指气使，对一切都不满意，怨言不断。她的生活是过去，她完全沉浸在对青年时代的回忆之中，并且只有在回忆中才能找到乐趣。

另一方面，老夫人的形象具有特殊的、邪恶的意念。老伯爵夫人和盖尔曼是两个对立面，在盖尔曼一边是生命和爱情，在老伯爵夫人一边是死亡和黑暗。

盖尔曼的初次出场引起听众的深刻同情和好感，他的咏叹调《我不知道她的姓名》中充满悲哀和柔情。

在莉莎房中，盖尔曼向她倾诉爱慕之情，但老伯爵夫人出现了。盖尔曼遇到老伯爵夫人后就一心专注在那不祥的梦想上，那就是取得那3张牌的秘密。这个秘密吸引着他，又使他害怕，老伯爵夫人在盖尔曼看来成为死神的化身。

盖尔曼在舞会上受到朋友们的嘲笑，决心赴汤蹈火都要了解老伯爵夫人的秘密。他从莉莎处取到钥匙，闯入老妪的房间。老伯爵夫人卧房一场戏是歌剧中主要的一场戏，盖尔曼只有一个念头，除了想搞到老伯爵夫人的秘密外，其他什么都不存在了。

柴可夫斯基在最后几场戏里表明，在盖尔曼的意识中，理性的火花如何与疯狂作斗争。只有对莉莎的思念和爱才使他的理智没有彻底泯灭。

盖尔曼在赌场中一心想着搞到3张牌的秘密。在听了老伯爵夫人的幽灵所说的头两张牌获胜后，他得意地唱起了《我们的生活是什么》。

盖尔曼的这一独白是多么不像他的第一首咏叹调《我不知道她的姓名》。从夏花园的第一场到赌博的最后一场，他完全变了一个人！只是在死前的瞬间，盖尔曼才恢复意识，他在对莉莎的无限思念中死去。

柴可夫斯基在歌剧中创造了莉莎的动人形象，他赋予她的特征近似他在《叶甫根尼·奥涅金》中喜爱的角色，那就是塔姬雅娜的形象。同样的少女美、纯洁美貌、真挚感情，同样的性格力量。吸引她的是盖尔曼，而不是那漂亮的艾列茨基，她准备为可爱的盖尔曼牺牲一切，尽管他既不富裕又没有名声。她倾诉的咏叹调令人想起俄罗斯民歌。

柴可夫斯基对《黑桃皇后》十分满意，他说这部歌剧比所有以前的作品更令他喜爱："由于感情激动的缘故，钢琴缩编谱我完全弹不下去了。我喘不过气来，并且要痛哭出声。"

柴可夫斯基还带着开玩笑的口吻给外甥达维道夫写信说："我认为，全世界的历史分为两个时期，第一个时期是从开天辟地到《黑桃皇后》写成。第二个时期是从一个月以前写成《黑桃皇后》开始。"

这话出于柴可夫斯基这样一位谦逊而克己的作者口中不过是句玩笑,但《黑桃皇后》在音乐史上的作用却正是如此的。没有另外的歌剧作品具有同样的深度和悲剧性力量,这是其他任何人都没达到的高峰。

1890年12月19日,《黑桃皇后》在圣彼得堡作首次演出,立刻在观众中获得成功。演出给柴可夫斯基莫大的安慰,整个夜晚,艺术家和观众同样体验到一种在歌剧演出中难得的心满意足的感觉。两星期后歌剧搬上了基辅的舞台,当地观众的热情度甚至超过了圣彼得堡。

《黑桃皇后》无疑又一次将柴可夫斯基的创作推上了顶峰。

童稚诙谐的《胡桃夹子》

《胡桃夹子》的创作开始于1891年1月。当时,马林斯基剧院院长符谢沃洛吉斯基出面邀请柴可夫斯基为《胡桃夹子》谱曲。

这出舞剧是柴可夫斯基的老朋友彼季帕根据德国浪漫主义作家霍夫曼的童话《胡桃夹子和鼠王》,并参照法国著名作家大仲马根据原著改编的剧本改编的。

起初,柴可夫斯基对这个题材并不太感兴趣。尽管1891年12月《黑桃皇后》在圣彼得堡首演大获成功,给了他一些安慰。而这时柴可夫斯基的经济上也出现了困难。

他在给朋友的信中说:

> 现在,我必须开始一种全新的、开销标准完全不同的生活。我不得不尽一切可能,在圣彼得堡谋求一项薪水较高的职业。这是非常丢脸的,对,是"丢脸"这个词。

也许正是基于经济方面的考虑,所以柴可夫斯基最后还是接受了这项委托。而且,随着工作的进展,他的创作热情变得越来越高。

柴可夫斯基《胡桃夹子》的创作是在十分繁忙与深深的痛苦中进行的。

1891年2月，他回到自己的乡间住宅便开始构思舞剧音乐，但同时又要准备应瓦尔特·戴姆洛斯克的邀请到美国做首次访问演出。尽管如此，在出发之前他还是完成了舞剧第一幕的音乐，并赶到圣彼得堡与彼季帕初步讨论了一下上演《胡桃夹子》的问题。

3月18日，柴可夫斯基动身去西欧。在柏林，他出席了《1812年序曲》的演出。

在巴黎，他指挥科隆音乐会全部演奏他的作品。这些演出的成功并未减轻他心情的痛苦，相反，当他得到他亲爱的妹妹亚历山德拉·达维多娃去世的不幸消息时，他心痛欲裂，想放弃旅行，立即返回俄国。

他想和给他母亲般慈爱的妹妹做最后的告别。他觉得妹妹身后有许多事需他安排。他心疼可怜的外甥鲍比克，怕他经受不住失去母亲的悲伤。

当时，柴可夫斯基真想取消美国之行，回去为妹妹送葬，但是又赔偿不起美国方面5000法郎的预付金，何况那样做也无济于事。困难的处境使柴可夫斯基"蒙受着精神上的极大痛苦"。

经过一番理智的考虑，他不得不决定继续旅行，他怀着忧郁的心情出海前往美国。之后，对弟弟莫代斯特说："今天，我比昨天更加痛彻地体会到用音乐来描绘'糖果仙人'是绝对不可能的。"

然而实际上柴可夫斯基从未停止过《胡桃夹子》的创作，在去柏林的途中，在里昂候船的时候，他都在精心写作。

在巴黎停留的时候，他发现了一件由维克·马斯泰尔发明的新乐器——钢片琴，他决心用在《胡桃夹子》的配器中以增强音乐的梦幻效果。当柴可夫斯基于6月初回到俄罗斯，住在幽静安逸的乡间住宅后，立即继续《胡桃夹子》的创作，7月7日，新芭蕾音乐全部完成。

遗憾的是，《胡桃夹子》的总谱写作被另一件事耽误了。1891年9月，柴可夫斯基在完成《约兰塔》的草稿后，便开始交响乐诗《总督》的创作，11月18日，柴可夫斯基在莫斯科举行的音乐会上第一次指挥演出这部作品，有人令人不快地将《总督》与《罗密欧与朱丽叶》《里米尼的弗兰切斯卡》进行比较，脆弱的柴可夫斯基有些不满意了，于是第二天便将总谱毁掉了。

为了代替《总督》参加1892年3月在圣彼得堡的既定演出，柴可夫斯基不得不匆匆忙忙从《胡桃夹子》的音乐中抽出6首曲子以"组曲"的名义拿去演出。

在音乐会上，人们以惊人的掌声欢迎《胡桃夹子》组曲，全曲的6个乐章中，有5个乐章不得不再来一遍。但是由于这件事情，《胡桃夹子》的总谱直至1892年4月才完成。

1892年8月，彼季帕根据柴可夫斯基的总谱开始编舞，遗憾的是，彼季帕刚刚开始工作便突然病倒了。编导的担子不得不转移到彼季帕的助手列·伊凡诺夫的肩上，伊凡诺夫9月份开始工作，11月初才在柴可夫斯基的监督下投入排练。

1892年11月17日，柴可夫斯基的新作《胡桃夹子》终于在圣彼得堡马林斯基剧院上演。这是一部别出心裁的童话芭蕾剧。该剧由两个不同风格、不同情趣的部分组成。第一部分描写圣诞之夜，小姑娘克莱拉从亲友的手里得到许多礼物，其中一个是雕刻成王子形状的胡桃夹子。克莱拉非常喜欢这件礼物，可这个夹子却被淘气的哥哥弗里兹弄坏了，克莱拉非常伤心。

半夜克莱拉到客厅来看望受伤的胡桃夹子，她忽然发现胡桃夹子变成了一位英俊的王子，正率领士兵与老鼠王的部队进行战斗。

开始克莱拉还有点惧怕,但很快便忘掉了害怕,举起拖鞋参加了战斗,使王子终于击败了老鼠王。王子为了感谢克莱拉的帮助,决定带她到糖果王国去游历。

舞剧的第二部分描述克莱拉到达糖果王国,受到女王的热烈欢迎和盛情款待。为了庆贺王子的胜利,宫中展现了一系列神奇、美妙的舞蹈。接着,在钢片琴梦幻般的"叮咚"声中,糖果仙子与骑士跳起了双人舞。最后克莱拉戴着女王赠送的王冠,怀着依依不舍的心情与王子一起离去。当克莱拉苏醒过来时,发现原来一切都是她甜美的梦。

《胡桃夹子》创作的主题是用不寻常的寓意表现形式表现出来的。它展现了儿童想象中的高尚品德和对美好生活的向往。它的浪漫、神奇的色彩给观众们留下了深刻的印象,出席观看首场演出的沙皇亚历山大三世在讲话中也"充满了赞扬的言辞"。

1892年11月17日《胡桃夹子》的首演虽然赢得观众经久不息的掌声,但评论家们却一致对它表示不欣赏。这使柴可夫斯基感到沮丧,他写信给朋友安纳道尔倾诉了自己的"怨恨心情"。

他说:

> 一个人活了很久,期待着某一重要事件,一旦时过境迁,他便马上感到一种冷漠,不喜欢任何工作。我们的一切努力都是空忙一场,徒劳无益。

其实,公平地说,《胡桃夹子》失败的原因并不在音乐。一是因为扮演糖果仙子的意大利芭蕾明星其貌不扬,引不起俄国观众的兴趣;二是服装、布景的设计套用了法国洛可可风格,未能烘托出霍夫曼笔下的法国气氛,正如著名画家别努阿所指出的:"舞剧的调子未能描绘出霍夫曼笔下的幻想世界。"

《胡桃夹子》和它的音乐并没有因为这次失败而销声匿迹,相反,它却不胫而走,从俄国传入西方,逐渐成为票房价值最高的舞剧之一。它还以其灿烂辉煌的音乐和神奇瑰丽的色彩,与《天鹅湖》《睡美人》一起,被世人称为"杰出的三大俄国芭蕾"。当然,这也是柴可夫斯基始料不及的。

难忘的旅美演出

1891年3月，柴可夫斯基接到美国的邀请去参加为纽约卡耐基新音乐大厅落成而举行的音乐节。在这期间，柴可夫斯基将在美国几个大城市进行旅行演出。

在到达美国之前，柴可夫斯在巴黎举行了个人作品音乐会。他成功地指挥演奏了《第三组曲》《斯拉夫进行曲》《第二钢琴协奏曲》《如歌的行板》《忧郁小夜曲》等作品。音乐会受到热烈欢迎。柴可夫斯基几乎成为巴黎公众瞩目的中心。

但这时候的柴可夫斯基因为家中的琐事而郁郁寡欢。而且在他所乘坐的客轮起锚后没有多长时间，就有一个青年跳海自杀，这更加剧了他心中的怅惘。他乘坐的"布列塔尼号"是艘豪华的客轮，"简直像一座浮在海面上的宫殿"。海上航行中，总是大浪不止，船身剧烈颠簸，每个乘客都很担心。柴可夫斯基的神经高度紧张，甚至感到"战栗和恐惧"，加上剧烈的晕船，他觉得"像在受难"。柴可夫斯基经过一个星期的海上颠簸，终于在4月25日到达了纽约港。

柴可夫斯基被送到纽约最著名的诺曼底饭店。这家饭店坐落在百老汇东南角的第三十八号街上，距大都会歌剧院只有一个街区。

纽约的摩天大楼、繁华的街景使柴可夫斯基感到陌生。

身在异国他乡，无论多么热闹的场面也无法驱散郁结在他心底的哀愁。他怀念遥远的祖国，牵挂故乡的亲人。命运对他接二连三的打击使他感到十分沮丧。他心情的灰暗与眼前这个现代化城市的生机勃勃形成强烈的反差，他觉得万分孤寂，一个人在房间里哭了起来……

而美国人的热情温暖了柴可夫斯基。5月5日在卡耐基音乐厅举行的盛大音乐会在《地久天长》的圣歌声中隆重揭幕。美国的社会名流、财团大亨都出席了大会。柴可夫斯基在这次音乐会上指挥演奏了《加冕进行曲》，这个曲子是他为亚历山大三世登基而创作的。乐曲热烈欢快的旋律和隆重典雅的风格很受美国听众的欢迎。

柴可夫斯基在满堂喝彩声中感到了欣慰。在这期间，柴可夫斯基的4场个人作品音乐会都获得了巨大的成功，为纽约音乐厅开幕庆祝活动增色许多。

在美国巴尔的摩和费城举行的几场柴可夫斯基作品音乐会也使他的名声大振。在华盛顿，柴可夫斯基出席了大都会俱乐部为他举行的宴会，宴会气氛友好、热烈。俄国驻美大使馆为了欢迎来自祖国的杰出作曲家，也安排了一场音乐会，当地的俄罗斯侨民都来参加了。他乡遇故知的兴奋，使柴可夫斯基感到了力量倍增。此时他清楚地意识到自己已经成为俄罗斯的光荣和骄傲。

柴可夫斯基在美国纽约愉快地度过了自己的51岁生日。在当天举行的音乐会上，他指挥演奏了《第三组曲》。他一上台，雷鸣般的掌声响彻了大厅，尽管他已无数次地指挥过这首乐曲，但却感到超乎寻常的紧张。

充满好奇心的美国人民不仅热爱他的音乐，还很注意欣赏他的外表，在他所到之处，人们总是从上到下把他仔细打量一遍。现在，他站在指挥台上，全场的目光都集中在他身上，他"感到一种莫名其妙的恐惧"。演出结束时,掌声和欢呼声一阵高过一阵。美国观众的热情很张扬,也很有感染力。柴可夫斯基感到几个月来鲜有的开心。

生日这一天,柴可夫斯基还得到了一件礼物,那是一尊自由女神像的袖珍复制品,这是美国钢琴制造商欧内斯特·纳布赠给他的。柴可夫斯基非常欣赏这件寓意深刻、做工精美的艺术品。他希望能把这尊自由女神带回祖国。

音乐节结束以后,柴可夫斯基去游览了著名的尼亚加拉瀑布。隆隆的瀑布声吸引着他。

他两次到那里散步,远望气势雄伟的白色瀑布,他感到有些胆怯。他换上一件比较随便的衣服,坐上吊车,直下到瀑布底部,穿过一段隧道后,只见瀑布如一巨大的白色幕布倾泻而下。他曾在日记中这样说道:"这景象非常迷人,可也有点令人胆寒。"

柴可夫斯基在美期间,收到来自美国各地的表示邀请、祝贺、要求签名的信函。他都一一认真给予回复。记者、剧作家、作曲家更是抓住他不放,对他进行频频采访,希望与他进行密切交流。美国公众的热情好客,使柴可夫斯基非常感动,让他久久难忘。他确信,他在美国比在欧洲闻名百倍。

柴可夫斯基在给外甥达维多夫的信中总结了他的访美印象:

> 美国方面未经我的同意便把演出的范围扩大到费城和巴尔的摩。但美国人的真挚热情、殷勤好客使我感到愉快,尤其是纽约的4场音乐会,我获得了极大成功。
>
> 纽约、美国习俗、美国人的好客、城市风光、异常舒适的环境,这些都很合我的心意。如果我再年轻一些,大概会因为来到一个有趣的新天地而感到十分愉快,但我却仿佛是在受一种舒服的罪。我的意向只有一个,那就是回家,回家,回家!

同老友的深厚友谊

尼古拉·德米特里耶维奇·康德拉契耶夫是柴可夫斯基在法律学校读书时的同班同学。

1870年冬季,康德拉契耶夫一家搬到莫斯科过冬,他们开始密切来往。康德拉契耶夫和柴可夫斯基的两位胞弟莫代斯特、阿纳托利也都很熟识。

康德拉契耶夫从事法律工作,他博学多才,各方面都很有修养。他酷爱文学、绘画,会说几种外语,也很喜欢旅行,到过许多地方。

他在哈尔科夫省有自己的尼兹庄园,1871年至1879年间,柴可夫斯基经常到他这里来住,尤其是夏天,他会住上3个月。康德拉契耶夫的家里有两间房子是专为柴可夫斯基预备的,他可以在这里专心致志地进行创作。

每次,康德拉契耶夫接到电报知道柴可夫斯基快要到来时,全家人都要兴奋一阵子。柴可夫斯基的马车一到,康德拉契耶夫和他的妻子,他们家的女家庭教师,还有住在康德拉契耶夫家的亲戚以及在庄园里服侍的人们都热情地前去迎接他。

柴可夫斯基总是非常亲切地向左右的人们行礼致意,向所有的人问好。因为他待人温厚、平易近人，这里的人们对他都有特别的好感。

在康德拉契耶夫的尼兹庄园居住时，柴可夫斯基的起居是很有规律的：每天7点起床后，去房前的小河里洗澡，康德拉契耶夫也去洗澡，早晨他们会在河边相遇。之后回来和大家一起用早点，柴可夫斯基常常是一杯茶、一杯牛奶，再吃一些自家做的饼干点心。

早点以后，柴可夫斯基和康德拉契耶夫就一起去散步，沿着小河穿过一个很大的花园，经过菜地再从一条小路绕回家，每次散步都要用很长时间。

散步回来后，柴可夫斯基和大家聊聊天，看看当天的信件。中午12点大家在凉台吃午饭。

柴可夫斯基是位美食家，每顿饭他都吃得津津有味。他夏天喜欢吃带鲜鱼的波特文尼亚汤或者鲟鱼肉和干咸鱼，这些东西都是从城里买来的。

午饭以后大家各自回自己的房间。柴可夫斯基常常去康德拉契耶夫的小女儿屋里，听她朗读，给她出作文题，然后带她去大厅，那里有架钢琴。柴可夫斯基让她弹奏自己会弹的曲子，教她识谱。

柴可夫斯基弹几首曲子让小女孩猜曲名和调式，有时也和她四手联弹。他和小女孩周旋一阵子以后，就回到自己房间开始忙自己的事情了。

下午5点后，柴可夫斯基和康德拉契耶夫一家相聚在一起吃晚餐。饭后一块散步，有时乘马车兜风。回来以后喝茶、吃水果、喝酸奶，这是柴可夫斯基最喜欢的。晚茶以后，柴可夫斯基和大家一起玩牌，经常玩到夜里12点。

庄园里恬淡安适的生活使柴可夫斯基得到了充分的休息，他觉得很惬意。

当然，这只是清闲时的柴可夫斯基。一旦创作灵感到来时，他就会变成另外的样子。他显得很抑郁，不和任何人讲话，早晨匆匆喝两杯牛奶，拿上纸、铅笔，带上小狗多戈，一个人出去散步，直至晚上才回来。

白天，柴可夫斯基把一些乐段随便写在纸上，晚饭以后坐在钢琴边把白天散步时写的乐曲弹奏出来。

柴可夫斯基对自己要求非常严格，常常对自己写的东西不满意，那时他会把写有曲谱的纸揉作一团，生气地一扔，第二天又开始另写。

也有的时候他散步回来已觉得非常疲倦，但却非常愉快，晚饭后他说："朋友们，到大厅去，我给你们弹一段，请你们给我提提意见！"

许多的浪漫曲、钢琴曲，柴可夫斯基都是在康德拉契耶夫的庄园里完成的。

莫代斯特和阿纳托利也常常和柴可夫斯基一起来康德拉契耶夫的庄园。阿纳托利是抒情男中音，他唱哥哥写的歌尤为好听，像《可怕的时刻》、《泪在颤抖》，他唱的这些优美动听的歌是在歌剧院都难以听到的。

柴可夫斯基穿着俄式绣花衬衣给弟弟伴奏，阿纳托利唱得饱含深情。悠扬的歌声在乌克兰静夜中回荡，大家屏息静听，沉浸在无限温馨美好之中。

当创作灵感过去之后，柴可夫斯基又恢复了常态。他还是花大把的时间出去散步。当时康德拉契耶夫有5个学生，他们都是当地农民的孩子，他就教这几个孩子学知识，送他们去城里中学上学，后来把他们都培养成才。康德拉契耶夫在和柴可夫斯基一块散步时，常带上小女儿蒂娜还有这几个学生。

柴可夫斯基喜欢和别人开玩笑，他的玩笑开得得体，从来不会伤害别人。小蒂娜有时会被柴可夫斯基逗恼，柴可夫斯基立刻走过来，拉着她的小手，亲吻她，爱抚地说："算了，亲爱的蒂娜契卡，别生老朋友的气，你是知道的，我在开玩笑。"

于是马上云开雾散，一大一小又像老朋友似的继续说笑了。

法律学校的同学阿布赫金和其他同学也常来这里。他们在一起聚会，度过愉快时光。

当铃兰花盛开时，更是柴可夫斯基最开心的时候。早饭后，他们坐上马车，一起到很远的树林里去。穿过林子是一片辽阔的田野，田野上弥漫着荞麦和野花醉人的芳香，银色的铃兰花布满大地。

柴可夫斯基采摘大把大把的铃兰，兴奋不已。大家坐在嫩绿的草地上开始野餐：包子、小菜、水果、乌克兰酒，还有各式各样的家里做的美味吃食。朋友们开心地吃着、谈着、唱着，俄罗斯和乌克兰民歌是他们最喜欢唱的。

柴可夫斯基居住在康德拉契耶夫的庄园时，若赶上柴可夫斯基的生日，大家就会给他隆重庆祝。虽然柴可夫斯基不喜欢任何排场和庆典，但在这一天他也只好服从大家的意愿，允许人们为他庆祝。

生日的前一天，康德拉契耶夫的几个学生已经把柴可夫斯基的房间布置好了，在屋子的正面墙上挂满用绿叶和野花编成的花环，到处张灯结彩，在屋门口的上方摆着用花拼成的柴可夫斯基的名字。小蒂娜从妈妈的房间里拿来花瓶，插满各种她喜欢的花朵摆放在柴可夫斯基房内的桌上。

生日当天早晨7点，厨师端上来一块写有柴可夫斯基名字的大奶油蛋糕，还有一些甜点心和小面包。

柴可夫斯基洗澡回来后，餐桌已摆好，大家来向他祝贺。他邀请所有的人喝咖啡、吃蛋糕。这天早餐后，他没有出去散步，而是和大家同坐在凉台上聊天、玩台球，这是他喜欢的一项运动。

从城里来的客人们午饭以前陆续到来。午饭准备的都是柴可夫斯基爱吃的菜，大家共同品尝一道道美味菜肴，一面喝香槟酒祝他长命百岁。

晚上，当天空开始出现星星的时候，地上也燃起了彩灯。柴可夫斯基的名字也在拴有彩灯的花环上闪烁着。

在这月明星稀的夜晚，柴可夫斯基的亲友们都到河边放焰火，火树银花腾空而起，为节日增添了更多喜庆。柴可夫斯基的屋子里也很热闹。他吩咐将所有的服务人员都请来，他要亲自招待他们。大家也都非常喜欢他，在他的生日都来为他道贺。

柴可夫斯基受到人们的拥戴。他常常鼓励安慰别人，给发生争执的人们劝和，给别人提好的建议，他愿意帮助所有的人，无论是物质上的还是精神上的帮助，他都很慷慨。

村里的人们都盼望他来，高兴他来，而当他要离开的时候，人们也依依不舍。

康德拉契耶夫家搬到圣彼得堡以后，他们一家人和柴可夫斯基也常常见面，有时仍在一起度过夏天。

1886年，当柴可夫斯基搬到梅达诺沃以后，康德拉契耶夫在柴可夫斯基的住所旁边也租了一处住房，在那里住了一年。他们两家仍然时常共用午餐，傍晚一起去散步。

1887年7月的一天，柴可夫斯基收到了康德拉契耶夫在德国病重的消息。

当时，柴可夫斯基正和莫代斯特还有阿纳托利夫妇在波尔日霍姆乡间休息，他立刻前往德国去探望老友。

柴可夫斯基在康德拉契耶夫身边陪伴了一个月，直到这位好友离世。

之后，柴可夫斯基精神大受打击，他为好友的去世感到深深的遗憾和悲哀。他在日记中写道：

> 人生是多么短暂！我必须做、必须想、必须说的还有多少啊！我们老是拖拖拉拉。可就在此时，也许死神正在附近的某个角落窥探着我们！

柴可夫斯基久久思索着关于上帝、生命、死亡这些使他困惑的问题。一种生命的紧迫感在催促着他。

康德拉契耶夫逝世后，柴可夫斯基与朋友的家人仍然保持密切的联系，柴可夫斯基经常去看望他们，他们也把柴可夫斯基看作最亲近的人。

无论柴可夫斯基在哪里，他都时常给他们写信。康德拉契耶夫的女儿蒂娜的生日，他总是不忘送礼物和拍电报祝贺，每次他从国外回来也会带些有趣的东西送给蒂娜。

柴可夫斯基把《第一交响曲——冬日的幻想》献给了康德拉契耶夫，献给康德拉契耶夫妻子的是写于 1882 年的《沙龙华尔兹》，献给蒂娜的是写于 1893 年的《玩具华尔兹》。

与梅克夫人决裂

1890年夏季，柴可夫斯基在伏罗洛夫斯克居住期间，除完成了歌剧《黑桃皇后》的配器外，还创作了一首弦乐六重奏《回忆佛罗伦萨》。

这首乐曲可由两把小提琴、两把中提琴、两把大提琴演奏。这是他第一次尝试写弦乐六重奏曲，是为圣彼得堡四重奏协会创作的。这首曲子他写得很快，只用两个星期就完成了草稿。

8月下旬，柴可夫斯基来到卡缅卡探望亚历山德拉。因妹妹病重，家中充满了忧郁气氛，昔日欢乐、温暖的卡缅卡已无处寻觅，柴可夫斯基感到失落惆怅。

随后，柴可夫斯基去了第比利斯，和阿纳托利夫妇一起生活了一些日子。

第比利斯优美的风光常常使他想起威尼斯的美景。这里四季常青，繁花似锦，街道热闹繁华，到处显得生机盎然。

第比利斯的音乐家们的盛情也使柴可夫斯基感动。为了欢迎他，在歌剧院举行了音乐会，演出的都是他的作品，作曲家也亲自指挥了一些乐曲。到处是喝彩、欢呼和鲜花，他感到由衷的喜悦。

可是，天有不测风云。

10月4日，就在这充满喜悦、一片光明的时日，来自梅克夫人的一封信有如晴天霹雳把柴可夫斯基惊呆了。这是一封充满悲凉曲调的来信。

信中梅克夫人说，由于遇到了麻烦，她面临破产，她觉得非常遗憾，从此以后不得不停止对柴可夫斯基的资助。信的最后一句话是："希望您有时还能想起我。"这最后一句话也等于告诉柴可夫斯基，他们之间的通信也就此终止。

这个突如其来的消息，使柴可夫斯基感到震惊。他对梅克夫人面临的处境深感焦虑不安，立即写了回信。

首先让梅克夫人不要为他担心，虽然停止资助，不可能完全不影响他的正常生活，但这种影响绝不严重。而让他担心的是梅克夫人失去了财产以后该怎样生活。

事实也是如此，当时柴可夫斯基自己的经济收入已比过去增加了很多。柴可夫斯基的创作稿费和演出收入，加上国家每年给他的津贴，足够他自己的生活开销，甚至他还经常把许多钱花在别人身上。

他对自己的亲人、朋友、学生，甚至是困难的路人都非常慷慨，时常给予无私的援助。对梅克夫人停止资助，他并不太在意。他感到不快的是"希望您有时还能想起我"这句话。

他在信中说：

> 难道您以为我只能在用您的钱的时候才能想起您吗？您对我做的一点一滴都难以忘记。一点不夸张地说，是您救了我。如果不是有了您的友谊和同情，我一定会发了疯而且已经毁灭。

您所资助我的钱把我将尽的力气积聚起来，然后使我再度走上音乐之路……我一刻也没有忘记您，将来也永远不会忘记您，因为我头脑中产生的每个想法都是和您连在一起的。

梅克夫人做出的近乎绝交的表示，使柴可夫斯基困惑不解，他急于知道梅克夫人究竟出了什么事。

柴可夫斯基从第比利斯回到莫斯科后打听到，梅克夫人的经济并没有真正破产，这使柴可夫斯基感到自尊心受到了伤害。

他想，难道梅克夫人是想以此作为摆脱他的借口吗？她究竟为什么要采取这种断然的方式终止他们之间的友谊呢？柴可夫斯基写信给梅克夫人的女婿巴胡尔斯基，想弄清究竟。

1877年，巴胡尔斯基在梅克夫人家中当音乐师。他是毕业于莫斯科音乐学院的小提琴手，钢琴也弹得很好。作为柴可夫斯基的学生，他对自己的老师一向十分尊敬。

巴胡尔斯基人很聪明，对自己能有机会在梅克夫人家中工作十分满意。他享有很好的工作条件。他有最好的乐器可以使用，也有许多属于自己的空闲时间，还能经常陪伴梅克夫人在国外四处周游。他乐于为梅克夫人做一切委托他做的事。逐渐地他成为梅克夫人的别人不可替代的好助手。

1882年以后巴胡尔斯基爱上了梅克夫人的女儿尤里娅·卡尔洛夫娜，1889年两人结了婚。过去曾有段时间，应梅克夫人的请求，柴可夫斯基教巴胡尔斯基学作曲。

柴可夫斯基认为他在作曲方面没有多大才气，柴可夫斯基曾想把自己的看法告诉巴胡尔斯基本人和梅克夫人，被梅克夫人的儿子尼古拉·卡尔洛维奇劝阻了。

他说，梅克夫人听了会生气的。巴胡尔斯基也深知自己水平的确不太高，并没有由于柴可夫斯基对他看低而嫉恨不满。作为梅克夫人的女婿，他并不希望做任何对柴可夫斯基不利的事。

梅克夫人和柴可夫斯基停止通信后，自1890年10月至1891年6月，这半年多的时间里，柴可夫斯基曾好几次通过巴胡尔斯基了解到有关梅克夫人的情况。他写信对巴胡尔斯基说，梅克夫人可以停止对他的金钱资助，但希望他们之间通信不要终止。

巴胡尔斯基回信告诉他说，梅克夫人已经不可能写信，她并没有生气，他们之间的关系没有变化。

柴可夫斯基知道梅克夫人的这种态度后，更加感到屈辱。他想，难道13年来他们的友谊仅仅限于金钱吗？难道梅克夫人只是为了从他那里得到乐趣而资助他吗？现在没有了乐趣，就不再付钱，一切就都结束，也就不写信了。

柴可夫斯基苦苦地进行反思，他把梅克夫人的所有信件翻出来又重新读了一遍，他感到自己完全崩溃了。

1891年6月，他给巴胡尔斯基写了一封情绪激昂的信，诉说和发泄心中的不满。他说，使他受打击的不是梅克夫人不写信，而是梅克夫人对他完全失去了兴趣。发生这样的事，使柴可夫斯基对人，包括像梅克夫人在内的好人，对整个世界失去了希望。

由于知道梅克夫人健康状况很差，柴可夫斯基又不能把自己的烦恼告诉她，不愿意使她悲伤，所以柴可夫斯基请巴胡尔斯基不要向梅克夫人提及他写此信的事情，同时也请求巴胡尔斯基不必回信。

但巴胡尔斯基还是回了信。他的信很简短，他再次说明梅克夫人不给柴可夫斯基写信的确是因为疾病缠身，心力交瘁。

不过，巴胡尔斯基又写道："如果你依旧再次写信，可能会感动梅克夫人，说不定你们的关系还能恢复。"

然而，柴可夫斯基并没有再给梅克夫人写信，也许是由于不相信巴胡尔斯基的话，也许更重要的是因为收到巴胡尔斯基的信后，他觉得进一步受了伤害和打击。与自己有共同语言的挚友竟以这样的方式离他而去，这种打击让他不堪忍受。这个伤害也一直重重地压在柴可夫斯基的心头。

在柴可夫斯基看来，梅克夫人断然终止了与他的交往是不可思议的，是难以接受的，而梅克夫人的境况又是如何呢？是什么因素促使她作这种残酷的决定呢？也许事情由来已久。

1881年，梅克夫人在经济方面遇到过一次大麻烦。当时她被告知应偿还丈夫生前留下的一大笔债务，关于这笔债务梅克夫人过去完全不知道。她通过变卖房产，经一番周旋之后，总算熬过了这次危机。

她曾把那次危机的情形如实告诉了柴可夫斯基，同时安慰他说，这丝毫不影响对他的资助，因为与她在危机中上百万的经济损失相比，给柴可夫斯基的那几千卢布对她来说简直微不足道。

梅克夫人对柴可夫斯基的资助是心甘情愿而又慷慨、主动的。就是在她刚刚渡过危机以后，1881年10月，当她得知柴可夫斯基纯粹为了挣钱的目的为尤根逊编写音乐出版物的事情后，她给柴可夫斯基寄去了超过规定数额的钱，以便让柴可夫斯基能够从那些消耗他精力的、无意义的事情中摆脱出来。

柴可夫斯基收到这些钱后写信对她说：

> 请不要忘记，由于4年来您的帮助，在生活条件方面我已达到了过去想都不敢想的水平。我的钱不仅够用，而且很多，很多，这些钱已经超过了我的实际需要。

也许是这个声明，使梅克夫人后来作出停止资助柴可夫斯基的决定。之后，等梅克夫人的经济境况稍微好转一点后，她甚至在法国南部还买了别墅。然而，没有多久，又开始出现了不利的局面。政府对私有铁路的控制加上铁路部门管理人员的营私舞弊，使梅克夫人经常处在紧张状态。她的经济情况很难保持平衡。

梅克夫人的这一情况直接影响到她自身的身体健康。她的肺结核病越来越重了，右手也开始僵化，只能用左手推着才可以写字，所以她自己已经不能亲手写信。1889年至1890年，这一两年她又出现了很严重的神经系统的毛病，过去她的耳朵听力就差，现在几乎完全听不到声音了。

对梅克夫人最大的打击是她心爱的大儿子乌拉吉米尔的突然去世，母亲的良知使她感到深深的惭愧。她觉得这所有的不幸都是对她的惩罚。回顾自己的一生，梅克夫人觉得她只顾了自己，与柴可夫斯基的友谊几乎占去了她全部的时间和精力，对家和孩子却很少照看关心。

她对自己说："这是我应得的罪，我应该赎罪。"她本是个无神论者，而现在她却全身心地皈依了宗教，她每天做长长的祈祷，她接受了宗教所规定的那些仪式。

19世纪80年代以后，柴可夫斯基的生活也发生了许多变化，他开始赢得国内外广泛的认可。音乐创作、指挥演出以及音乐界各种各样的社会活动使柴可夫斯基总是很繁忙。

这些变化在不知不觉之中影响到他和梅克夫人之间的关系。他给梅克夫人的信不免带上敷衍的色彩，他写得更多的是外界的事情，写他所参加的一些活动的情况，而少了像往日那样的内心表白和思想情感的交流。

这时候的梅克夫人逐渐敏感地感觉到在这些信中某种东西正在消失。她已经意识到，处于创作巅峰状态的柴可夫斯基，除了忙于作曲和指挥音乐会，他还有应接不暇的社交应酬，他的生活圈子已经大大扩展，而她在柴可夫斯基生活中的地位也不像过去那么重要。

生活在孤独寂寞中的梅克夫人，永远需要一个专门陪伴着她，甚至属于她的灵魂。她不愿意柴可夫斯基有半点的敷衍，她想让他轻松。梅克夫人以为他能平静地对待她的离去。

至于钱，固然她的支持对柴可夫斯基也起了不小的作用，但没有了她的帮助，对柴可夫斯基也不会有太大的影响，他有足够的财力应付自己的开支。在梅克夫人的性格中不乏坚决、果断。她这样想了，她也这样做了。她希望柴可夫斯基能懂得她。

但脆弱敏感的柴可夫斯基并没有懂得梅克夫人的用心。他更多感受到的是伤害和屈辱。人的心有时会脆弱得像一张薄纸，自尊心不仅可以为寻求理解设置障碍，更可以使曲解变成真理。失去了梅克夫人的友谊，柴可夫斯基陷入了难言的痛苦和绝望之中。

巧合的是，1891年8月，柴可夫斯基发现，梅克夫人赠送给他的那个镶有贞德像和阿波罗神像的纪念表也丢失了。友情失落了，爱的信物也不翼而飞。

1893年，有一次柴可夫斯基知道自己的外甥女也就是梅克夫人的儿媳安娜·里沃夫娜要到国外去看望梅克夫人时，他约见了安娜。在莫斯科普列奇斯琴斯克林荫道上的梅克夫人的一所住宅的饮茶室里，柴可夫斯基和外甥女做了一次长时间的谈话。柴可夫斯基把自己内心的痛苦告诉了她，并让她转告梅克夫人。安娜知道了舅舅心底的悲哀，对他抱有深深的同情。

安娜·里沃夫娜来到梅克夫人的寓所，看望病中的婆婆。

那是一个黄昏，梅克夫人躺卧在沙发上，安娜坐在她的身边，向婆婆细细诉说了柴可夫斯基的心理感受。梅克夫人听到儿媳的述说后，眼里闪着一种奇异的光芒。

那时她的肺病已非常严重了，喉咙也已经失声，只能沙沙低语：

我知道，他不再需要我了，我再给不了他什么了，我不愿意让我们的通信只对我一个人是快乐，而对他变成是一种负担，我没有权利只要自己的快乐。

如果他不明白我的意思，如果他还需要我，那为什么不再给我写信了呢？要知道他是做过这种许诺的。的确，我不再给他物质方面的资助了，但这难道有什么意义吗？

一切都结束了。通信断绝，爱已远去，心也各奔东西。曾经燃烧过的崇高真挚的情感留下了温馨难忘的回忆。

梅克夫人无论如何没有想到她的最后一封信会给柴可夫斯基带来如此巨大的打击。她始终在等待，她觉得他还会再写信来。

然而，柴可夫斯基并没有给梅克夫人写信，而梅克夫人自己也已经没有能力写信，他们就这样分手了。所有的回忆和期待，所有的委屈和埋怨，所有的爱和恨都只属于他们各自的自己了。

但是，世人认为柴可夫斯基和梅克夫人的友谊是长存的。梅克夫人与柴可夫斯基之间的高洁诚挚的情谊早已融进伟大作曲家不朽的音乐之中。梅克夫人在柴可夫斯基的生活和创作中起了不可替代的作用。她拯救了柴可夫斯基的生命，为了俄罗斯，也为了全世界。

如果说"拯救"一词有点过分的话，那么起码是梅克夫人使柴可夫斯基得以避开日常生活繁忙的琐事，使他能够全身心投入到自己所喜爱的音乐创作事业中去。这就足以使人们感谢她，感谢她对伟大作曲家的无限仁爱和宽宏，感谢她的慷慨和奉献。人们不仅"有时还能想起"她，而是永远纪念她。

看望童年的家庭教师

1892年5月17日，柴可夫斯基迁入离莫斯科不远的克林郊区的一家新住所，房子很宽敞。居住环境很好，景致也很优美，有许多幽静的好去处。这年年底和1893年年初的戏剧节，柴可夫斯基多次外出旅行演出，在华沙、汉堡、巴黎等地都亲自指挥演奏了自己的作品。

1892年12月，柴可夫斯基去了法国东部的一个小镇蒙贝利亚尔，他要到那里探望阔别40多年的童年时的女家庭教师樊妮·德贝巧。这次难得的会面使他万分激动。

已逝的岁月又一一在眼前浮现，一路上他思念故人，乡愁满怀。他给家人的信中写道：

记忆是上天赐给人类的最恩惠的礼物之一。对我来说，没有比沉浸于往事更快乐的了。回忆犹如月光，在它的照耀下，往事清晰逼真地显现，一切坏的都已看不到，所有好的都变得更美丽。

对往事的回忆，激起了柴可夫斯基对慈爱母亲艾希尔的深切怀念。他对母亲的爱是永恒的、刻骨铭心的。他一直依恋着自己的母亲。无论什么时候，他都不能接受母亲已经与世长辞这个残酷的事实，只要一想起来，就感到揪心的疼痛。

1893年元旦下午3时，柴可夫斯基来到了蒙贝利亚尔樊妮·德贝巧的公寓。樊妮·德贝巧来开门了，柴可夫斯基一眼就认出了自己年幼时的家庭教师。她虽已70多岁了，却一点也没有变。

柴可夫斯基在给哥哥库拉依的信中，谈到了与女家庭教师见面时的情景：

> 我曾担心会出现悲喜交集的场面，可是什么也没有发生，仿佛我们分别了只不过一年……
>
> 她高兴、亲切、诚恳地接待我。我立即明白了为什么当时父母和我们都那么喜欢她。她是一个很讨人喜欢、善良温和的人，她很正直，很聪明。
>
> 樊妮·德贝巧还能回忆起遥远的往事，提起我们年幼的时候，母亲和我们大家的各种有趣的事情……
>
> 听着她的叙述，我好像又呼吸到伏特金斯克故乡的空气，听见母亲悦耳的歌声……
>
> 我沉浸于那遥远的过去，觉得有点可怕，但又觉得很温馨。我们俩人一直都含着眼泪。

和昔日女家庭教师德贝巧的重逢，使柴可夫斯基陷入了怀旧情绪之中。之后，柴可夫斯基仍在不停地旅行，但他并不快乐，他感到身心俱疲。莫代斯特曾这样叙述柴可夫斯基这一阶段的心情：我的哥哥似乎已经不属于他自己了，一种无可抗拒的力量似乎占有了他，逼迫着他盲目地向前跑，往外边跑。

这种"力"并非仅仅解释为想适应公众的需要。到现在，柴可夫斯基已经学会了怎样拒绝他所不喜欢的邀请了。他自己也没有了先前那样想出去的愿望，因为他所爱的那些老地方都已不可能再去了。

卡缅卡充满了对妹妹的悲伤的回忆，意大利失去了它的可爱之处，巴黎只能使他更加害怕，布莱洛夫已属于陌生人。他唯一想去的地方，除克林外，就是圣彼得堡，因为在那儿可以看望他的亲戚。

驱使他的那种神秘的力量是一种深沉的不可解释的焦虑。那是一种绝望的心情想在某个地方或是任何一个地方分一下心。

不久，柴可夫斯基回到了俄国。他在敖德萨指挥了他的作品音乐会。他竟连续指挥了好几场。敖德萨一连几天举行盛大欢迎活动，各界人士热情款待这位伟大的俄罗斯作曲家。

1月底至2月初的这段时间，画家库兹涅佐夫为柴可夫斯基画了一幅肖像画。

肖像画中的柴可夫斯基身着黑色的礼服大衣，里面穿了一件翻领的白衬衫，系着一条别有珍珠扣针的领带，十分潇洒而富有魅力。他右手放在一些摊开的乐谱上，凝神伫立。他双眉略锁，双目闪着坚毅的目光，若有所思地凝视前方，脸上流露出他独有的忧郁。柴可夫斯基本人对这张肖像画很满意。

回到克林以后，柴可夫斯基已感到精疲力竭。一部新的交响曲的构思已经在旅途中完成。他觉得心中有太多的东西需要用音乐来表达，他迫不及待地开始投入《第六交响曲》的创作。

国内的一些音乐会的演出也是柴可夫斯基不能不参加的活动。1893年2月至3月间，他在莫斯科指挥了一场义演音乐会，曲目有《哈姆雷特幻想序曲》《音乐会幻想曲》《胡桃夹子组曲》等。

3月下旬他又在哈尔科夫指挥了个人作品音乐会，受到人们极其热烈的欢迎。

在这段日子里，柴可夫斯基应尤根逊的委托又写了一些歌曲和钢琴曲，还为98步兵团写了一支军队进行曲。他的堂弟安德烈当时在该团任团长，这是应他的要求而写的。

一首根据莫扎特《第四钢琴幻想曲》改编的供四部合唱和钢琴伴奏演出的乐曲也是这时完成的。

1893年5月9日，柴可夫斯基出席了在莫斯科大剧院举行的年仅19岁的青年作曲家谢尔盖·拉赫马尼诺夫的歌剧《阿莱科》的首场演出。他创作的5首钢琴曲曾专门呈请柴可夫斯基过目，柴可夫斯基对青年作曲家给予热忱的指导和帮助，他的亲切、和蔼和耐心给青年作曲家留下非常深刻的印象。

1893年，英国剑桥大学决定授予柴可夫斯基荣誉音乐博士学位。与他同时获得这项殊荣的还有德国作曲家马克斯·布鲁赫、意大利作曲家阿里格·鲍依托、法国作曲家圣·桑、挪威作曲家爱德华·格里格。

5月底，柴可夫斯基来到英国伦敦。在伦敦爱乐乐团的音乐会上，柴可夫斯基指挥演奏了《第四交响曲》，博得公众的绝口称赞。在出席伦敦爱乐乐团董事会为柴可夫斯基和法国作曲家圣·桑举办的晚宴上，柴可夫斯基和沃尔特·达姆罗施是邻座。

达姆罗施得知柴可夫斯基正在创作《第六交响曲》，他希望以后能得到一份该曲的总谱，并在美国指挥演奏。这给柴可夫斯基精神上很大支持。

在举行授学位仪式之前的几天，柴可夫斯基一直忙于各种应酬。他特意去拜访了萨拉萨蒂。他对萨拉萨蒂的印象很好，觉得他"非常和蔼"。

在剑桥大学为获荣誉音乐博士学位的音乐家们所举行的音乐会上，柴可夫斯基指挥演奏了幻想曲《里米尼的弗兰切斯卡》。

第二天上午举行了隆重的授学位仪式，4位作曲家"头戴镶有金丝带的黑丝绒博士帽，身着镶嵌鲜红宽边的雪白的绸缎长袍"，接受了荣誉音乐博士学位。仪式之后举行了早餐会，来宾们用传统的大酒杯轮流饮酒。随后，作曲家们又参加了在花园里举行的招待会。

参加这次盛大的活动并没有使柴可夫斯基感到兴奋。他和往常在国外旅行演出时一样，总是想念回到祖国的怀抱。他在给外甥达维多夫的信中说，他在外面吃不好，睡不着，像是在受"苦刑"。他自己也不知为什么选择了这次旅行。

柴可夫斯基回到莫斯科后，得知在他出国期间，他过去的朋友阿布莱希特和席洛夫斯基都已去世。圣彼得堡还有一位朋友阿布丁也已病危。

要是在过去，他知道这样的消息会悲痛欲绝，难以承受这种打击。然而现在，这一连串的朋友的死讯对柴可夫斯基的震动并不大。饱经沧桑历尽磨难之后，他的精神已有了很强的耐受力。他觉得应该有足够的勇气面对生活中的苦难和不幸。

最后的《悲怆交响曲》

1891年,刚过50岁的柴可夫斯基已经看上去比实际年龄大得多了。生活上的打击、事业上的艰辛使他的身心过早地衰老了。因此柴可夫斯基对自己极其不满:"当我确信我在音乐餐桌上只能摆出一些炒冷饭时,我便不得不放弃创作。"

然而,热爱音乐并将它视为自己生命的人岂能轻易舍弃音乐?柴可夫斯基虽然缺乏自信,却常常想与命运抗争一番。

秋天,他在自己的新居克林完成了《降E调第六交响乐》,不幸的是,这部交响乐"是一个由声音构成的空洞的典范,没有真正的灵感,只是为了写作而写作的东西",所以他毅然决然地将它们焚毁了。

就在柴可夫斯基又一次陷入失望的时候,命运之神出人意料地给了他公正的回报:冬天,他被法兰西学院选为通讯院士,他荣获了圣彼得堡室内音乐学会的奖章……

这一系列的荣誉使柴可夫斯基欣喜,并且因此而增添了不少的自信。本来,柴可夫斯基从事最后几次旅行时就一直在缅怀往事,深感悲哀和身处异邦的孤独,于是产生了创作新作品的念头,作为自己一生的总结。

1893年,自称"筋疲力尽"、"不中用"的作曲家又投入了工作,那就是创作一部新交响乐:《第六交响曲》。

早在19世纪90年代初,柴可夫斯基就曾打算写一部以"生活"为标题的交响曲,可是回旋在俄罗斯上空的沉闷的政治空气阻止了他的计划,他对寻求生活问题的答案而不得,感到十分茫然。

现在,一股强烈的冲动冲击着柴可夫斯基,在蒙贝利亚尔看望他的樊妮老师的时候,在布鲁塞尔举行那次"受到广泛赞扬的音乐会"的时候,在敖德萨指挥专场音乐会的时候,这部新的交响乐一直激荡在他的心中,柴可夫斯基一边打腹稿,一边经常为它而失声痛哭。

19世纪末的俄国,千疮百孔。人民在贫困中挣扎,他们渴望自由,向往美好生活的希望化为乌有,人类的尊严受到了沙皇的践踏。柴可夫斯基不堪忍受这些矛盾,便借助音乐,借助这部交响乐来发出他控诉、愤慨的声音。

柴可夫斯基在事业上是成功的,而他的个人生活却无疑是悲剧性的。他一生都在追求,都在挣扎,都在向往与憧憬。然而命运给予他的却是幻灭、失望与痛苦。梅克夫人把他捧上爱的天堂,却无意中又把他的自尊心"践踏"在地上。

柴可夫斯基一生都在到处漂泊,寻求爱的方舟,正当他自以为找到了这只方舟并坚信这只方舟将伴随他走完人生旅程的时候,这只方舟却突然沉没了。所以晚年的柴可夫斯基的生活是孤寂的、失望的。

1893年2月,他回到克林,确信自己再也没什么前途。他曾说:"我需要的是重新获得自信,因为它蒙受了摧残,并且在我看来,我的戏已演完。"

就这样，柴可夫斯基带着不可言说的深深苦痛开始了他的《第六交响曲》的创作，正是这部作品，对他个人来说，将证明他的戏绝没有演完。对全世界来说，将证明这是柴可夫斯基的伟大杰作。

其实，柴可夫斯基并不像他所认为的那样已经失去了创作力，相反在创作《第六交响曲》的过程中，他惊喜地发现"自己尚未到达不中用的地步"，尽管在配器方面存在惯常遇到的困难，柴可夫斯基还是在8月底以前写好了总谱。

柴可夫斯基含着泪写好了总谱，他几乎把"整个心灵都放进这部交响曲"了，他爱它，"我以自己的名誉担保，我从未像认识到自己创作了一部好作品那样，感到自满、骄傲和快乐"。

同时，他对音乐界对这部新作品的反应没有太大信心：

在我看来，假如这部交响曲起初遭到谩骂和藐视，似乎是十分自然的，不会使人感到丝毫的惊诧。但我确信，这部交响曲肯定是我所有作品中最好的，当然也是最真挚的。我从未像现在喜爱它一样喜爱过我的任何其他作品。

《第六交响曲》第一乐章的音乐犹如用管弦乐队演出的一部悲剧戏剧诗。引子那从巴松管低音区呻吟出的"命运"动机成为快板奏鸣曲式的第一主题，但已经变得紧张；第二主题是柴可夫斯基旋律中最优美的曲调之一，由加弱音箱的小提琴齐奏，稍稍舒展，但未失去紧张的性质。展开部中运用了东正教圣歌《与圣者共安息》的曲调。

在展开高潮时，再现的第一主题已经变得像抗争、呐喊一般，随之而来的第二主题再现结束了这惊心动魄的一幕。

第二乐章是较舒缓的圆舞乐章，前一乐章压抑的气氛几乎消失了，只在中间部分定音鼓执着的敲击声中保留了一点儿余响。

第三乐章由神秘、变幻莫测的谐谑曲和强打精神的进行曲轮流反复构成。它留给听众一个谜团，一个有关命运的谜团。

第四乐章重现了第一乐章压抑、消沉的气氛，两个主题均用持续下行音阶构成。这个终曲没有用快速，而是用行板作为结束，这在交响乐文献中是非常罕见的。当乐曲消逝在一个低沉的 B 音时，人们不禁会把作者试图要在作品中阐述的命运同死亡、寂灭连在一起。

《第六交响曲》终于于1893年11月28日在俄罗斯音乐协会举办的音乐季首场音乐会上公演了，由柴可夫斯基亲任指挥。

正如柴可夫斯基曾经预言的那样，反响平平，作品未能激起听众的热情，它只取得了有限的成功。长期以来，一直对自己作品的成功十分敏感与在意的柴可夫斯基，这次却出人意料地保持了平静。

柴可夫斯基毫不动摇地坚信《第六交响曲》是他所作的或者他将作的最好的作品，甚至在公演的第二天，就将总谱送交尤根逊出版，只是标题还没定下来。柴可夫斯基既不想仅仅标上作品号码，同时又放弃了原来称为《第六交响曲》的打算。

鉴于音乐始终贯穿的悲剧气氛，弟弟莫代斯特便建议他用"悲剧"作一个贴切的标题。

"悲剧？悲剧不行，我不想把我的作品就如此直白地解释给我的听众们，悲剧？不合适。"柴可夫斯基似乎有些犹豫，但他显然对"悲剧"是不满意的。

莫代斯特此时并不想陪哥哥绞尽脑汁，就转身预备离开，突然一个词在他的脑中跳了一下："悲怆。"

"悲怆！悲怆行吗？"

"悲怆！棒极了，莫代斯特！就是悲怆！"

柴可夫斯基兴奋地跳起来，于是他就在总谱上写了"悲怆"这个标题。就这样，一个响亮的名字就在人们心中扎了根，"悲怆"！抒写了作者的不幸与创伤，又超出了他个人的印记，成为人类精神世界一个侧面的生动写照。

　　《第六交响曲》是柴可夫斯基最后激情的迸发，宛如一位饱经人世沧桑的老人，在沉思、惆怅和寻找的同时发出了叹息与哀伤的曲调……

　　人们在音乐声中感受到自己的呼声，作曲家在音乐声中寄托了他对死亡的敏感。是的，此时的柴可夫斯基似乎听到了人生走向死亡的前奏，他听到了死神的召唤，然而，他始终也没有料到死亡已经距离他那么近了。

伟大的柴可夫斯基

柴可夫斯基的真正悲剧就在于：他过分敏感和历经苦难的天性造成了一种虚幻的恐惧的阴影，他正是在这个阴影的笼罩下度过了自己的大半生。正当他要从这种阴影下解脱出来，正当他获得感情的平衡并变得成熟，正当他到达其创造才能的顶点时，那种虚幻的恐惧却变成了现实。命运——这位伟大的俄罗斯人着魔的命运——把他击倒了。

在生命的最后时刻，柴可夫斯基的心情还是较为舒畅的，他与老友们欢聚，在饭店中喝酒直至凌晨。他对自己的身体状况十分自信，然而不幸的事就在这时发生了。

1893年11月2日清晨，由于昨夜的醉酒，使他感觉十分难受，他躺在床上懒散地胡思乱想，他觉得自己的胃又出毛病了，与往常的胃痉挛一样，他的胃闹得他整宿没有睡着。

第二天早上，弟弟莫代斯特来叫醒柴可夫斯基。但是，他却不想动一下，神情相当痛苦。莫代斯特很为他担心，劝他去看医生。柴可夫斯基嘲笑莫代斯特的这种过敏，然后他起床去拜访那普拉夫尼克了。

可是到了吃中饭的时候，情形还未见好转，他坐在饭桌旁陪着弟弟和外甥，却一口食物也吃不下。莫代斯特更担心了：当时城里又一次流行了霍乱病，而柴可夫斯基却不合时宜地喝了一玻璃杯生水。他会不会染上曾使母亲丧生的可怕的霍乱疾病呢？莫代斯特越想越觉得不安和恐惧。

下午，柴可夫斯基的病情越来越重，天黑了，他变得更加衰弱，他的胸部开始剧烈疼痛，他终于相信了，"这就是死亡"，是霍乱又一次可怕地降临了。

第二天，柴可夫斯基更确信死亡来临了，圣彼得堡最优秀的医生勃廷逊兄弟也没有能够挽救他。

"我相信我就要死了，再见吧，莫代斯特。"柴可夫斯基一遍又一遍地重复着这句话，然后他出现了谵妄，他的神志已经不再清醒，他甚至不能认出特意从克林赶来的男仆人阿列克赛，他一直用愤慨、申斥的语调重复着梅克夫人的名字。

1893年11月6日凌晨3点钟，俄罗斯天才的音乐家柴可夫斯基终于离开了人世。当时，他的哥哥库拉依和弟弟莫代斯特、外甥达维多夫，忠实的男仆阿列克赛和三位医生都在场。

人们对于正当壮年的作曲家的突然谢世感到措手不及，柴可夫斯基的同事们、朋友亲人们更是悲痛欲绝，俄罗斯乐坛上一颗闪亮的明星陨落了。

虽然柴可夫斯基没有生活在贝多芬那样的资产阶级革命高涨的年代里，却生活在一个同样可以造就音乐巨匠的时候：一个充满着矛盾、痛苦与挣扎的时代里。

自1861年俄国废除农奴制以来，俄罗斯大地上苦难的人民砸碎了套在脖子上的枷锁，精神日益得到了解放。与此同时，俄罗斯资本主义也开始萌芽，进步的社会民主思想就在这样一种土壤里发芽并迅速地繁荣起来。

但是，统治者却不甘心退出历史舞台，即便是在社会民主思想相当繁荣的时候，沙皇的反动统治也依然笼罩着俄罗斯大地。19世纪后期，也就是柴可夫斯基创作的全盛时期，正是沙皇亚历山大三世黑暗的反动统治时期。

1878年秋，柴可夫斯基在他的一封信中说：

> 这是一个可怕的时代。一方面，一个绝对惶惶然不可终日的政府，连珂克沙可夫说了一句勇敢的真话，就把他放逐。另一方面，悲苦的青年，成千成千地，没有经过任何审讯，就被流放出去，流放到乌鸦也拾不到骨头的地方去……

亚历山大三世比他所有的祖先都有过之而无不及，他完全地剥夺了人民的自由和权利，他使贵族地主更暴虐地压榨农民，他无视法律，野蛮地统治他的百姓……

这种社会氛围使最先觉醒的知识分子惶惑但又无所适从，他们心中有的只是深沉的郁结的忧伤，只是无法排解的苦闷。

柴可夫斯基像俄罗斯的无数的知识分子一样，但他比别人有一根更敏感与脆弱的神经，因而他的郁闷与痛苦就比别人更加的强烈。柴可夫斯基的作品都是时代的回声，在1866年完成的《第一交响曲》中，他表现出了当时俄罗斯人民的伤感和哀愁，他们的生活意志和伟大的力量。

1872年在《第二交响曲》中他初步提出了走向生活、走向人民的思想。

1878年，柴可夫斯基创作了《第四交响曲》，这是他在婚姻问题上遭受打击后而不得不去国外休养的时期写成的。在这部作品里，柴可夫斯基不仅表现了自己的痛苦心情以及他对于幸福生活的热切向往，更表现了他对于苦难大众的发自内心的同情，指出了个人命运和广大人民的命运的密切联系，指出人民的强大力量是克服悲惨命运的保证。

柴可夫斯基早期怀着一腔真诚进行创作，在作品中渗透着他对社会、对时代的反映。

19世纪70年代末，艺术上渐入佳境的柴可夫斯基面对人民悲惨的生活和矛盾重重的时代，显得有点手足无措。他时而想从哲学中得到答案，于是便拼命地阅读托尔斯泰的著作与斯宾诺莎的哲学；时而又想信仰宗教，他诚恳地告诉巴拉基列夫说：

> 我比任何时候都更渴望从基督那里获得安宁和支持。

他时而热心于社会音乐活动，从事指挥工作；时而又心灰意懒地抱怨一切；他时而怀着苦痛的心情远离俄国，因为他不忍听回旋在俄罗斯上空的贫病人们的呻吟；时而又迫不及待地要回到自己的祖国，因为强烈的乡思使他无法自拔……

然而，诚如沙波林所说的："真挚和诚实的艺术家柴可夫斯基是无法在自己的创作中避免那喘息在专制政治下的人性的深刻的社会悲剧的。"当有话不得不说时，柴可夫斯基便以全身心投入创作，他重新站在时代的高度，使音乐与时代的脉搏一起跳动。

1885年，柴可夫斯基悲愤地远离祖国与亲人到欧美各国漂泊旅行，一路上沙皇的残酷，俄罗斯百姓的凄苦生活始终在他的脑中萦绕，最终他写下《曼弗雷德交响曲》表示他对社会的失望。

1888年，柴可夫斯基完成了《第五交响曲》，在距《第四交响曲》创作 11 年后仍然继承了《第四交响曲》所反映的社会悲剧性。

"越是民族的便越是世界的。"选择自己熟悉的俄罗斯题材进行创作使柴可夫斯基能在音乐中把自己的思想感情和作品中主人公的思想融为一体，从而细腻地刻画人们的心理体验。柴可夫斯基的音乐根植于人民，渊源于劳动。他在俄罗斯大地上酿就了乡土气息极浓郁的作品，民歌、浪漫曲都是他灵感的渊源。

《瓦尼亚将身坐上沙发》《田野上有一株小白桦》等一首首人们熟悉的俄罗斯民歌在柴可夫斯基的《如歌的行板》《第四交响乐》等作品中出现，是那么亲切而脍炙人口。

柴可夫斯基的作品有其独特的个性。他的艺术是大众的，是写给所有人的，而同时又是深刻抒情的，是面向每一个单个人的。这种个性突出地表现在音乐旋律的抒情性和歌唱性上，也就是他将音乐基调建筑在民歌、民间舞曲的基础上，从而使乐曲呈现出浓郁的生活气息。

伟大的柴可夫斯基一生几乎用所有的体裁进行创作：歌剧和芭蕾舞剧，交响曲和标题交响乐作品，协奏曲和室内器乐重奏，尤其是大量钢琴乐曲，合唱作品和大合唱，浪漫曲和歌曲，声乐重唱曲。

此外，柴可夫斯基还写下了音乐评论文章以及理论著作，包括俄国第一本音乐教科书《和声实用教程》等。这些丰富的遗产对我们今天的音乐事业是那么的珍贵，从中我们感受到柴可夫斯基本人的性格，也感受到当时的社会氛围，那优美的旋律似乎带我们进入了一个理想境界。

柴可夫斯基不愧为音乐史上继莫扎特、贝多芬之后的第三个里程碑，他的光辉将永不熄灭，他的音乐也将永恒不朽。

附：年　谱

1840年5月7日，柴可夫斯基出生于伏特金斯克市。

1850年，柴可夫斯基进入圣彼得堡法律学校学习。

1854年，柴可夫斯基的母亲艾希尔去世。

1855年至1858年，跟随家庭教师樊妮·德贝巧学习弹钢琴。

1859年，自法律学校毕业后，入司法部任职。

1861年，首次赴德国、比利时、英国、法国等国家旅行。秋天入俄罗斯音乐协会举办的学习班。

1862年，入圣彼得堡音乐学院学习。

1862年至1865年，在音乐学院师从安东·鲁宾斯坦学习管弦乐。

1865年，自圣彼得堡音乐学院毕业，12月获银质奖章。毕业典礼上演出大合唱《欢乐颂》。

1866年至1877年，由安东·鲁宾斯坦介绍去莫斯科音乐学院开始教学工作。

1876年，与列夫·托尔斯泰相识。歌剧《铁匠瓦库拉》因参加俄罗斯音乐协会举行的竞赛而获奖。

1877年至1878年，结婚。之后因病出国。写出《第四交响曲》和歌剧《叶甫根尼·奥涅金》。

1879年，在莫斯科上演歌剧《叶甫根尼·奥涅金》。

1880年至1889年，不断地进行创作活动。柴可夫斯基的作品在俄国和国外广泛演出。从事社会各种音乐活动，担任音乐社会工作，担任指挥。赴国外旅行演出。获得世界性声誉，当选为俄罗斯音乐协会莫斯科分会会长。

1885年，开始在克林城郊的梅达诺沃村生活。并创作了很多曲子。

1890年，舞剧《睡美人》初次上演。

1891年，在伏罗洛夫斯克生活。为悲剧《哈姆雷特》配乐。圣彼得堡剧院经理约写舞剧《胡桃夹子》和歌剧《约兰塔》。赴美国访问演出。归国后在梅达诺沃村写舞剧和歌剧。

1892年，在梅达诺沃村完成舞剧《胡桃夹子》。在莫斯科指挥歌剧《浮士德》《叶甫根尼·奥涅金》《恶魔》。写降E大调交响曲（未完成）。接受剑桥大学授予的音乐博士学位。赴柏林、巴塞尔、蒙贝利亚尔、巴黎等地进行旅行巡演。5月迁往克林城定居。

1893年5月，演出音乐会。在克林生活。写《第六交响曲》《浪漫曲套曲》《第三钢琴协奏曲》。

1893年10月7日，离克林城赴圣彼得堡。

1893年10月28日，《第六交响曲》在圣彼得堡初次演出，柴可夫斯基亲自指挥。

1893年11月2日，开始患病。11月6日，凌晨逝世。